D1754213

Michael M. Drebing

Mitarbeiter aus ideologisch konfliktträchtigen Gruppen

Impulse zum Management spezifischer qualitativer Personalrisiken

Diplomica Verlag GmbH

Drebing, Michael M.: Mitarbeiter aus ideologisch konflikttächtigen Gruppen: Impulse zum Management spezifischer qualitativer Personalrisiken, Hamburg, Diplomica Verlag GmbH 2013

Buch-ISBN: 978-3-8428-8661-2
PDF-eBook-ISBN: 978-3-8428-3661-7
Druck/Herstellung: Diplomica® Verlag GmbH, Hamburg, 2013

Bibliografische Information der Deutschen Nationalbibliothek:
Die Deutsche Nationalbibliothek verzeichnet diese Publikation in der Deutschen Nationalbibliografie; detaillierte bibliografische Daten sind im Internet über http://dnb.d-nb.de abrufbar.

Das Werk einschließlich aller seiner Teile ist urheberrechtlich geschützt. Jede Verwertung außerhalb der Grenzen des Urheberrechtsgesetzes ist ohne Zustimmung des Verlages unzulässig und strafbar. Dies gilt insbesondere für Vervielfältigungen, Übersetzungen, Mikroverfilmungen und die Einspeicherung und Bearbeitung in elektronischen Systemen.

Die Wiedergabe von Gebrauchsnamen, Handelsnamen, Warenbezeichnungen usw. in diesem Werk berechtigt auch ohne besondere Kennzeichnung nicht zu der Annahme, dass solche Namen im Sinne der Warenzeichen- und Markenschutz-Gesetzgebung als frei zu betrachten wären und daher von jedermann benutzt werden dürften.

Die Informationen in diesem Werk wurden mit Sorgfalt erarbeitet. Dennoch können Fehler nicht vollständig ausgeschlossen werden und die Diplomica Verlag GmbH, die Autoren oder Übersetzer übernehmen keine juristische Verantwortung oder irgendeine Haftung für evtl. verbliebene fehlerhafte Angaben und deren Folgen.

Alle Rechte vorbehalten

© Diplomica Verlag GmbH
Hermannstal 119k, 22119 Hamburg
http://www.diplomica-verlag.de, Hamburg 2013
Printed in Germany

*Behandle die Menschen so,
als wären sie, was sie sein sollten,
und du hilfst ihnen zu werden,
was sie sein können.*

Johann Wolfgang von Goethe

Inhaltsverzeichnis

Abbildungsverzeichnis 5
Abkürzungsverzeichnis 6
Danksagung 7
1 Einleitung 9
    1.1 Zielstellung und Aufbau der Studie 9
    1.2 Vorüberlegungen 10
2 Ideologisch bedingte qualitative personelle Risiken 12
    2.1 Wesen von Ideologien 12
    2.2 Einordnung in den unternehmerischen Kontext 13
3 Ideologisch konflikträchtige Gruppen 16
    3.1 Überblick 16
    3.2 Scientology 20
        3.2.1 Geschichtlicher Abriss 20
        3.2.2 Organisationsstruktur 22
        3.2.3 Lehre 25
    3.3 Jehovas Zeugen 28
        3.3.1 Geschichtlicher Abriss 28
        3.3.2 Organisationsstruktur 30
        3.3.3 Lehre 32
4 Spezielle Risiken aus der Zugehörigkeit von Mitarbeitern zu ideologisch konflikträchtigen Gruppen 36
    4.1 Austritts- und Anpassungsrisiko 36
        4.1.1 Scientology 36
        4.1.2 Zeugen Jehovas 37
        4.1.3 Mittelbares Austrittsrisiko 37
    4.2 Motivationsrisiko 38
    4.3 Deliktrisiko 41
        4.3.1 Scientology 41
        4.3.2 Jehovas Zeugen 42

- 4.4 Integrationsrisiko 44
  - 4.4.1 Scientology 44
  - 4.4.2 Jehovas Zeugen 45
- 4.5 Unterwanderungsrisiko 46
- 5 Ansätze zur Prävention 49
  - 5.1 Die juristische Sichtweise 49
    - 5.1.1 Das Grundgesetz 49
    - 5.1.2 Das Allgemeine Gleichbehandlungsgesetz 52
    - 5.1.3 Kritische Würdigung der rechtlichen Situation 54
  - 5.2 Die personalstrategische Sichtweise 56
    - 5.2.1 Erfolgsfaktor Diversity 56
    - 5.2.2 Ziele des Diversity Managements 57
    - 5.2.3 Grenzen von Diversity 59
  - 5.3 Die soziologische Sichtweise 62
    - 5.3.1 Erfolgsfaktor Integration 62
    - 5.3.2 Funktionale Koordination unterstützen 63
    - 5.3.3 Moralische Integrität steuern 64
    - 5.3.4 Expressive Gemeinschaft fördern 67
- 6 Fazit und Ausblick 70
- Literaturverzeichnis 73

Abbildungsverzeichnis

Abbildung 1:
Systematisierung von Personalrisiken 14

Abbildung 2:
Soziale Manipulation und Ideologie 35

Abbildung 3:
Hierarchie der Bedürfnisse nach Maslow 39

Abbildung 4:
Motivationsprozess nach Vroom 40

Abbildung 5:
Risikotreiber ideologisch bedingter Personalrisiken 48

Abbildung 6:
Die Diskriminierungsverbote des AGG 52

Abbildung 7:
Der Aspekt der juristischen Präventionsmöglichkeiten 55

Abbildung 8:
Positive Auswirkungen von Diversity auf den Unternehmenswert 56

Abbildung 9:
Handlungsfelder des Diversity Managements 57

Abbildung 10:
Der Aspekt der personalstrategischen Präventionsmöglichkeiten 61

Abbildung 11:
Die Zehn Prinzipien des UN Global Compact 66

Abbildung 12:
Die drei Ebenen der Unternehmenskultur 68

Abbildung 13:
Der Aspekt der soziologischen Präventionsmöglichkeiten 69

Abbildung 14:
Ganzheitliches Modell direkter und indirekter Risikoprävention 71

Abkürzungsverzeichnis

AGG	Allgemeines Gleichbehandlungsgesetz i. d. F. v. 05. Februar 2009
Art.	Artikel
Aufl.	Auflage
Bd.	Band
ca.	circa
CLO	Continental Liaison Office
CSI	Church of Scientology International
d. Verf.	durch Verfasser
f.	folgende
ff.	folgende
GG	Grundgesetz für die Bundesrepublik Deutschland i. d. F. v. 21. Juli 2010
HCO	Hubbard Communications Office
Hrsg.	Herausgeber
i. d. F. v.	in der Fassung vom
i. V. m.	in Verbindung mit
i. W.	im Wesentlichen
Mio.	Millionen
Nr.	Nummer
o. J.	ohne Jahresangabe
Orgs	Organizations
OSA	Office of Special Affairs
P/L	Policy Letter
Rn.	Randnummer
RTC	Religious Technology Center International
S.	Seite
SP	Suppressive Person
StPO	Strafprozeßordnung i. d. F. v. 22. Dezember 2011
u. a.	unter anderem
u. v. m.	und vieles mehr
vgl.	vergleiche
Vol.	Volume
WISE	World Institute of Scientology Enterprises
WRV	Die Verfassung des Deutschen Reichs vom 11. August 1919 (Weimarer Reichsverfassung)
WTGDZ	Wachtturm Bibel- und Traktat-Gesellschaft, Deutscher Zweig, e.V.
WTGZJ	Wachtturm Bibel- und Traktat-Gesellschaft der Zeugen Jehovas, e.V.
z. B.	zum Beispiel

Danksagung

*Denken und Danken
sind verwandte Wörter.*
(Thomas Mann)

Ohne die Impulse und die Unterstützung zahlreicher Personen wäre diese Studie nicht entstanden.

Mein Dank geht an Herrn Prof. Dr. Erich Barthel, der mich stets zu kritischem, reflektierendem Denken anregte. Selten bin ich einem Menschen begegnet, der so wenig Wahrheiten zu verkünden, aber derart viele Erkenntnisse zu vermitteln vermochte.

Frau Dr. Sarah Ruth Pohl danke ich nicht nur für unseren Gedankenaustausch, der mir häufig die Klärung meiner eigenen Gedanken erleichterte. Darüber hinaus war mir ihre Unterstützung beim Auffinden vergriffener Bücher eine große Hilfestellung.

Dankbar bin ich auch zahlreichen Freunden, die meine Aussagen zu den religiösen Gemeinschaften auf die Goldwaage legten und prüften. Bei ihnen handelt es sich um Menschen, die in der Beratung von Sektenaussteigern tätig sind, oder solche Gemeinschaften erst vor kurzem verlassen haben und deswegen lieber anonym bleiben möchten.

Mein allergrößter Dank aber gebührt den beiden wichtigsten Frauen in meinem Leben: Karen, du hast mir während der Schreibphase den Rücken freigehalten, was dir sicher nicht immer leicht viel. Und Jördis, du hast es akzeptiert, dass so manche technische Hilfeleistung etwas länger auf sich warten ließ, als du es gewohnt warst. Euer Verständnis war meine größte Motivation.

1 Einleitung

Sie glauben nicht, dass sie glauben,
sondern sie glauben zu wissen,
denn sie wissen nicht, dass sie glauben.
(Humberto Maturana)

1.1 Zielstellung und Aufbau der Studie

Religion galt in Westeuropa lange Zeit als eine rein persönliche Angelegenheit. Ob und wie man an einen Gott glaubte, gehörte in die private Welt und ging weder Nachbarn, noch Behörden noch den Arbeitgeber etwas an. Das gab dem religiösen Fundamentalismus – in allen Weltreligionen – die Gelegenheit, sich nahezu unbemerkt auszubreiten. Die gesellschaftlichen Nachbeben des 11. Septembers 2001 führten zu einem langsamen Umdenken: Über die Rolle, die Religion in der Gesellschaft spielen darf oder spielen soll, wird seitdem wieder intensiver diskutiert.[1]

Die vorliegende Untersuchung reiht sich mit einem betriebswirtschaftlichen Fokus in diesen Diskurs über die „Deprivatisierung der Religion"[2] ein.

Die Studie stellt dar, inwieweit ein Unternehmen durch seine Mitarbeiter[3] aus ideologisch konfliktträchtigen Gruppierungen[4] spezifischen qualitativen personellen Risiken ausgesetzt sein kann und bietet Präventionsansätze für das Personalrisikomanagement. Sie widmet sich insbesondere Mitarbeitern aus den Gruppierungen *Scientology* und *Jehovas Zeugen*. Beide lösen seit Jahren den größten Beratungsbedarf bei entsprechenden staatlichen oder halbstaatlichen Informationsstellen aus.[5]

---

[1] Vgl. Bohleber, 2010, S. 25.
[2] Bizeul, 2009, S. 49.
[3] Aus Gründen der besseren Lesbarkeit stehen in dieser Studie Personenbezeichnungen in ihrer generischen Form; selbstverständlich sind damit Frauen und Männer gleichermaßen gemeint.
[4] Zur Vermeidung des Begriffes „Sekte" vgl. Kapitel 3.1.
[5] Vgl. Riede, 2010, Riede, 2011, Bundesstelle für Sektenfragen, 2010, S. 35f.

Dabei geht es ausdrücklich nicht darum, Angehörige einer Religionsgemeinschaft pauschal zu kriminalisieren oder unter einen Generalverdacht zu stellen. Zu vielfältig ist das Zusammenspiel möglicher Einflussfaktoren, das letztendlich zu einer Handlung des Individuums führt.[6] Vielmehr ist es gerade der Einzelne selbst, der bei Loyalitätskonflikten zwischen der Lehre seiner Religionsgemeinschaft und den Erwartungen seines Arbeitgebers jedes Mal und immer wieder neu abwägt, wie er sich verhalten wird.[7]

Zunächst wird diese Studie ideologisch bedingte qualitative personelle Risiken definieren und in den betriebswirtschaftlichen Kontext einordnen. Das dritte Kapitel gibt anschließend einen allgemeinen Überblick über sogenannte Sekten und Psychogruppen, bevor es detailliert auf Geschichte, Organisation und Lehre von Scientology und Jehovas Zeugen in der für das Verständnis der Studie gebotenen Tiefe eingeht.

Nach der daraus folgenden Darlegung spezieller personeller Risiken in Kapitel vier erarbeitet das fünfte Kapitel Präventionsansätze aus juristischer, personalstrategischer und soziologischer Perspektive. Das Fazit führt die einzelnen Perspektiven zu einem ganzheitlichen Präventionsansatz zusammen.

1.2 Vorüberlegungen

Wie der gesamte Blick auf die Welt wird auch die Bewertung von Risiken bedeutend durch die gesellschaftlichen Einflüsse des Umfeldes geprägt, in dem sich der Betrachter befindet. Die Gesellschaft wird von jedem einzelnen Individuum aus dessen subjektivem Verständnis und seinen bisherigen Erfahrungen heraus wahrgenommen und virtuell nachgebildet; die Realität gilt mithin als sozial konstruiert.[8]

Die vorliegende Untersuchung hat daher mit den Worten VON GLASERFELDS nicht den Anspruch, in unverrückbarem Sinne „zu einem wahren Bild der Welt [zu] führen".[9]

---

[6] Vgl. Klöti, 2008 b, S. 91 f.
[7] Vgl. dazu auch Schulz von Thun, 2004, S. 15 ff.
[8] Vgl. Berger & Luckmann, 2010, S. 139 ff.
[9] Vgl. von Glasersfeld, 2010, S. 30.

Vielmehr möchte sie in erkenntnistheoretischer Hinsicht einen kognitiven Schlüssel bieten, mit dessen Hilfe ein Blick auf die genannten Risiken eröffnet werden kann.

Die soziale Konstruktion der Realität führt – wie GODE & BEN-YEHUDA erläutern – leicht zu einer Überreaktion. Insbesondere, wenn kleine Gruppen die Werte der Mehrheit ernsthaft in Frage stellen, kann es zu unangemessenen Angstreaktion der Masse kommen. Es gibt dann nur noch „wir" und „die". Neben der Presse verbreiten u.a. Gruppen von *moral entrepreneurs*[10] die Ansicht, bestehende Schutzmaßnahmen müssten massiv verschärft werden.[11] Die Idealisierung der eigenen Gruppe geht dabei einher mit der Abwertung der Anderen.[12] POHL weist auf die Existenz zahlreicher *moral entrepreneurs* in der Anti-Sekten-Szene hin, die zu einem verzerrten Bild beitragen.[13] Wann immer möglich, zitiert diese Studie daher Primärliteratur der Religionsgemeinschaften, wenn es um die Darstellung von Lehrinhalten geht.

---

[10] Wörtlich: „moralische Unternehmer"; gemeint sind Akteure, die ihre Ansichten als „die" Rettung vor der vermeintlich herannahenden Bedrohung darstellen und damit die Überreaktion der Gesellschaft weiter anheizen.
[11] Vgl. Goode & Ben-Yehuda, 2009, S. 16f., 26f.
[12] Vgl. Benz & Widmann, 2007, S. 39 f.
[13] Vgl. Pohl, 2010, S. 49 f.

2 Ideologisch bedingte qualitative personelle Risiken

*Ideologien resultieren aus dem Wunsch,
mit dem Denken an ein Ende zu kommen.*
(Michael Richter)

Nachdem diese Studie zunächst den Begriff „ideologisch" definiert, erfolgt eine Einordnung „qualitativer personeller Risiken" in die betriebliche Wertschöpfungskette.

2.1 Wesen von Ideologien

EAGLETON diskutiert diverse Interpretationsrichtungen des Wortes *Ideologie* und stellt dabei das Fehlen einer allgemein anerkannten Definition heraus.[14] Im Rahmen dieser Studie wird unter Ideologie Folgendes verstanden:

- Es handelt sich um ein weltanschauliches Konzept, das in seiner regulatorischen Breite und Tiefe weit über die fundamentalen Lebensfragen (wie z.B. Tod, Sinn des Lebens etc.) hinausgeht.[15] Auch alltägliche Kleinigkeiten werden normativ geprägt.[16]

- Dieses Weltbild leitet sich nicht aus aktuellen wissenschaftlichen Erkenntnissen ab, sondern wissenschaftliche Erkenntnisse werden auf Basis eines vorgefertigten Weltbildes (um-)interpretiert.[17]

- Reflektierendes Erkennen ist „der Förderung ‚a-rationaler' Interessen", die auch in der „Reproduktion gesellschaftlicher Macht" liegen können, untergeordnet.[18]

- Die Weltanschauung ist ein eher affektiv als kognitiv begründetes, in sich geschlossenes, veränderungsresistentes System. Es verlangt absolute Treue.[19] Abweichler müssen ausgemerzt werden.[20]

---

[14] Vgl. Eagleton, 2000, S. 7 – 41.
[15] Vgl. Eagleton, 2000, S. 39.
[16] Vgl. Deckert, 2007.
[17] Vgl. Durkheim, 1965, S. 142.
[18] Eagleton, 2000, S. 39.

2.2 Einordnung in den unternehmerischen Kontext

Die betriebliche Wertschöpfungskette besteht nach PORTER aus Primäraktivitäten und unterstützenden Aktivitäten. Primäraktivitäten dienen direkt der Erzeugung und dem Vertrieb eines Produkts. Unterstützende Aktivitäten sorgen für einen koordinierten Einsatz der Produktionsmittel. Zu ihnen zählen die Infrastruktur des Unternehmens, die Entwicklung geeigneter Technologien, die Beschaffung und das Personalmanagement.[21]

Letzteres umfasst verschiedene personelle Funktionen entlang der betrieblichen Wertschöpfung, angefangen von der Personalbedarfsplanung, über die Einstellung, den Personaleinsatz, die Führung, Entlohnung und Entwicklung, bis hin zur Beurteilung, zur Personalverwaltung und ggf. zur Freisetzung.[22] Das Management personeller Risiken ist in der klassischen Sichtweise bislang eher selten Gegenstand der Betrachtung.

KOBI konstatierte 2002: „Während alle möglichen Risiken... anhand ausgefeilter Risikomodelle verfolgt werden, ist sogar der Begriff *Personalrisiko* neu."[23] Insbesondere Kreditinstitute rücken seitdem auch personelle Risiken in den Fokus ihres Interesses. Seit 2008 müssen sie diese als Teil der operationellen Risiken aufgrund internationaler Vorschriften quantifizieren und mit Eigenkapital hinterlegen.[24]

„*Personalrisiken* sind potenzielle Gefahren, die einem Unternehmen drohen, wenn Mitarbeiter ausscheiden oder sich illoyal verhalten und damit die Leistungsfähigkeit des Unternehmens beeinträchtigen."[25]

Quantitative Personalrisiken resultieren aus Mitarbeiterengpässen; ihre Ursache ist in unzureichender Personalbeschaffung oder -planung zu suchen. „Der *qualitativen* Komponente sind die Leistungswilligkeit und -fähigkeit der Mitarbeiter sowie deren fachliche und charakterliche Eigenschaften zuzuordnen."[26]

---

[19] Vgl. Shils, 1968.
[20] Vgl. Watzlawick, 2010, S. 206.
[21] Vgl. Porter & Millar, 2008, S. 75
[22] Vgl. Jung, 2011, S. 4.
[23] Kobi, 2002, S. 13, *kursiv* im Original.
[24] Vgl. Klöti, 2008 a.
[25] Gmür & Thommen, 2011, S. 227, *kursiv* im Original.
[26] Börner & Büschgen, 2003, S. 268, Hervorhebung d. Verf.

Abbildung 1: Systematisierung von Personalrisiken
Quelle: Eigene Darstellung unter Einbezug von Kobi, 2002, S. 17 f., Klöti, 2008b, S. 47 ff., Klaffke, 2009, S. 8 f.

Qualitative Personalrisiken zeigen in ihrer Ausprägung folgende Schwerpunkte:

- Austrittsrisiko[27]

  Damit wird das Risiko umschrieben, dass Schlüsselpersonen, die das Geschäft maßgeblich prägen, das Haus verlassen.[28] Es steht in engem Zusammenhang zum Commitment der Mitarbeiter.[29] Unter Commitment wird im Folgenden in Anlehnung an WUNDERER eine Selbstverpflichtung des Mitarbeiters aus seiner hohen motivationalen Bindung heraus verstanden, „auch bei gestörter situativer Motivation übertragene, aber ungeliebte Aufgaben zu erfüllen".[30]

---

[27] Daneben zeigt das Austrittsrisiko auch eine quantitative Komponente, die aber mit Blick auf die Zielstellung der vorliegenden Untersuchung an dieser Stelle unberücksichtigt bleibt.
[28] Vgl. Kobi, 2002, S. 17.
[29] Vgl. Klaffke, 2009, S. 8.
[30] Wunderer, 2009, S. 66.

- Anpassungsrisiko

  Es wird akut, wenn die fachliche Qualifikation der Mitarbeiter nicht mehr der aktuellen strategischen Ausrichtung des Unternehmens und den daraus resultierenden operativen Anforderungen entspricht.[31] Die qualitative Komponente dieses Risikos besteht hauptsächlich in der Wandlungsfähigkeit und Wandlungsbereitschaft der Mitarbeiter.[32]

- Motivationsrisiko

  Dieses umfasst das Risiko zurückgehaltener Leistung, auch aufgrund innerer Kündigung oder Burn-Outs,[33] weltanschaulicher Überzeugung oder aus Gewissensgründen.

- Deliktrisiko

  KLÖTI ergänzt KOBIS Aufzählung um das Risiko vorsätzlicher unerlaubter Handlung zur eigenen Bereicherung, aus Rache, aus Gleichgültigkeit oder aus Freude an Straftaten.[34] Unberücksichtigt bleiben bei ihm Delikte aus ideologischen Motiven, die die vorliegende Studie ebenfalls in die Deliktrisiken einstuft.

- Integrationsrisiko

  KLAFFKE fügt das Risiko von Reibungsverlusten im Leistungserstellungsprozess hinzu und begründet dieses damit, dass aufgrund des erwarteten Fachkräftemangels „vormals häufig monolithisch geprägte" Belegschaften sich zunehmend mit Kollegen mit „unterschiedlichen sozialen, kulturellen, ethnischen oder auch Erfahrungshintergründen" auseinandersetzen müssen.[35]

---

[31] Vgl. Kobi, 2002, S. 17.
[32] Vgl. Klaffke, 2009, S. 8.
[33] Vgl. Kobi, 2002, S. 17.
[34] Vgl. Klöti, 2008 b, S. 47 ff.
[35] Klaffke, 2009, S. 9.

- Unterwanderungsrisiko

    Bei diesem in der Literatur bislang vernachlässigten Subrisiko handelt es sich darum, dass Menschen sich gezielt als Mitarbeiter anwerben lassen, um dann gemeinsam mit ideologisch Gleichgesinnten das Unternehmen gegen den Willen der Eigentümer oder gegen die Interessen der Stakeholder[36] in ihrem Sinne zu verändern.

3 Ideologisch konflikttächtige Gruppen

Der Glaube an eine größere und bessere Zukunft
ist einer der mächtigsten Feinde gegenwärtiger Freiheit.
(Aldous Huxley)

3.1 Überblick

Die Gesellschaft der Bundesrepublik Deutschland ist in religiöser und weltanschaulicher Hinsicht pluralistisch geprägt. Das Vorhandensein größerer und kleiner Gruppierungen an sich ist kein Grund zur Besorgnis.[37] Der Begriff „Sekte", der für solche Gruppierungen umgangssprachlich häufig benutzt wird, ist in mehrfacher Hinsicht problematisch: Zum einen wird er in der Umgangssprache nicht nur deskriptiv, sondern wertend benutzt. Zum anderen wurde dieser Begriff seit dem Mittelalter bis in die frühe Neuzeit hinein kriminalisierend verwendet.[38] Auch in theologischer Hinsicht ist seine Bedeutung nicht vollends klar.[39]

Im Rahmen dieser Studie wird daher die Bezeichnung „ideologisch konflikttächtige Gruppe" benutzt. Damit soll verdeutlicht werden, dass es dabei nicht um die Größe der Religionsgemeinschaft oder um die Einzelheiten der Lehre geht. Vielmehr rückt das Konfliktpotenzial der Gruppe im Verhältnis zur Gesellschaft als solcher in den Vordergrund. Dieses resultiert aus einem anderen Umgang mit jenen Werten, Normen und

---

[36] Stakeholder: Die Interessengruppen eines Unternehmens, also i. W. Anteilseigner, Mitarbeiter, Lieferanten, Kunden.
[37] Vgl. Deutscher Bundestag XIII. Wahlperiode, 1998, S. 5.
[38] Vgl. Eberlein, 2006, S. 138 f.
[39] Vgl. Deutscher Bundestag XIII. Wahlperiode, 1998, S. 17 ff.

Verhaltensweisen, die in der pluralistischen Gesellschaft Westeuropas als universell gelten. Der Begriff des ideologisch Konfliktträchtigen[40] geht dabei über Religion und Weltanschauung hinaus. Jede Art von Inhalt kann ideologisch konfliktträchtig werden, „sei es Politik, Religion, Handel, Selbstvervollkommnungstechniken,… Meditation, asiatischer Kampfsport, Öko-Lebensstil und so fort".[41]

Religiöse Ideologien beschreiben ALMOND, APPLEBY & SIVAN mit dem Wort Fundamentalismus:

> „'Fundamentalism', in this usage, refers to a discernible pattern of religious militance by which self-styled ‚true believers' attempt to arrest the erosion of religious identity, fortify the borders of the religious community, and create viable alternatives to secular institutions and behaviors."[42]

Religionsgemeinschaften werden dann zu einem gesellschaftlichen Problem, wenn sie das Heil für alle Menschen nur in ihrer Gruppe sehen und sich gleichzeitig für auserwählt halten, allen anderen dieses Heil zu bringen.[43] Diese Gruppen neigen dazu, ihre Lebenswirklichkeit „ideell, kulturell, sozial, unter Umständen auch wirtschaftlich [und] politisch" aus den in ihnen geltenden Ansichten herzuleiten und zu begründen.[44] Meist sind sie autoritär strukturiert. Das letzte Wort in allen Fragen hat die Leitung der Gemeinschaft; eine neutrale Appellationsinstanz (z. B. eine unabhängige Judikative) gibt es nicht.

Solche Gruppierungen geben sich gern den Anschein von Innovation und Exklusivität. Ihre Mitglieder halten sich für Erleuchtete oder Berufene, während alle anderen als minderwertig gelten. Auch vermittelt man häufig, *den* Weg zur Lösung aller Probleme gefunden zu haben. Schließlich ist oft eine doppelte Moral vorzufinden: Innerhalb der Gruppe wird eine totale (häufig auch „totalitäre") Offenheit erwartet, Nichtmitglieder dürfen jedoch getäuscht und manipuliert werden. So entsteht eine „private Moral… jen-

---

[40] Zum Verständnis des Wortes „Ideologie" in dieser Studie siehe Kapitel 2.1.
[41] Singer & Lalich, 1997, S. 40 f.
[42] Almond, Appleby & Sivan, 2003, S. 17.
[43] Vgl. Angenendt, 2007, S. 374.
[44] Deutscher Bundestag XIII. Wahlperiode, 1998, S. 20.

seits der geltenden gesellschaftlichen Normen".[45] Diese Gruppierungen nutzen zum Zusammenhalt ihrer selbst verschiedene Mechanismen intensiver sozialer Manipulation.[46]

Hassan greift zurück auf Festingers Theorie der kognitiven Dissonanz, der zufolge der Mensch bestrebt ist, einen Einklang in seinem Denken, Fühlen und Handeln hervorzubringen,[47] und beschreibt die in diesem Zusammenhang häufig genutzten Techniken[48] der Manipulation:[49]

- Verhaltenskontrolle

    Das Verhalten wird allumfassend reglementiert, z.B. in Bezug auf Kleidung, Frisur, Nahrung etc. Ein straffer Zeitplan sieht für Erholung kaum Zeit vor, widmet dafür aber einen großen Anteil der Zeit der Indoktrination durch die Gruppe. Eine absolute Gehorsamsforderung gegenüber der Obrigkeit, verbunden mit einem detaillierten System von Belohnung und Bestrafung sorgt für die Einhaltung der Verhaltensnormen. Gruppendenken geht vor Individualdenken.

- Gedankenkontrolle

    Es gibt ein klares Schwarz-Weiß-Schema: Drinnen sind die Guten und draußen sind die Bösen. Ein anderes, alternativ zulässiges Glaubenssystem existiert nicht. Kritik an der Gruppe, an der Leitung oder an der Lehre ist unzulässig. Zweifel werden mit Denkstopp-Techniken unterdrückt. Die Weltanschauung der Gruppe stellt „die" Wahrheit schlechthin dar. Eine emotional aufgeladene Sprache[50] ersetzt eine logische Argumentation.[51]

---

[45] Singer & Lalich, 1997, S. 36 f.
[46] Vgl. Deckert, 2007, S. 93.
[47] Vgl. Festinger, 1957
[48] Dabei lässt diese Studie die Frage offen, ob diese Mechanismen den freien Willen der Mitglieder untergraben, wie es Singer & Lalich (1997, S. 82 ff.) nahelegen, jeglichen Zweifel und jegliche Kritik an der Gruppe über logische, psychologische und soziologische Immunisierungstechniken verhindern, wie es z.B. Deckert (2007, S. 19 ff.) interpretiert oder zu einer starken sozialpsychologischen Gruppenbindung beitragen, so z.B. in Köppl (2001, S. 86 ff.). Für die Zielstellung der vorliegenden Studie ist das Ergebnis dieser Techniken, weniger ihre Funktionsweise en detail von Bedeutung.
[49] Folgende Aufzählung in Anlehnung an Hassan, 2000, S. 42 ff.
[50] „Loaded language", vgl. dazu auch Lifton, 1989, S. 429 f.

- Gefühlskontrolle

    Angst und Schuld werden überbetont. Es gibt vielerlei Dinge, vor denen Ängste geschürt werden: Furcht vor unabhängigem Denken, Furcht davor, die Gruppe verlassen zu müssen, Furcht vor dem Verlust der „Rettung", Furcht vor der Welt „da draußen" u. v. m. Eine glückliche und erfüllte Zukunft außerhalb der Gruppe ist nicht vorstellbar. Wer die Gruppe verlässt, muss mit „dem Schlimmsten" rechnen. Das kann – je nach Ausprägung – die ewige Höllenqual sein, Dämonen ergreifen Besitz von der Person, das Auftreten von schrecklichen Krankheiten oder fürchterlichen Unfällen. Entstehende Probleme liegen immer an der schlechten Umsetzung oder der kritischen Einstellung des Mitgliedes, niemals bei der Führung. Die Emotionen werden polarisiert: Nach innen ist uneingeschränktes Vertrauen gefordert; nach außen gelten Furcht und/oder Hass.

- Informationskontrolle

    Nach innen und nach außen wird von der Täuschung Gebrauch gemacht. Ungläubige dürfen angelogen werden, wenn es dem Gruppenzweck dient. Zuverlässige Informationen sind nur innerhalb der Gruppe von der Leitung erhältlich. Informationsquellen von außerhalb unterliegen dem Teufel, dem Feind, dem Bösen, sind daher unzuverlässig und zu meiden; das gilt insbesondere für ehemalige Mitglieder. Es gibt innerhalb der Gruppe verschiedene Wahrheitsebenen, der Zugang zu diesen variiert und ist von der Hierarchie innerhalb der Gruppe abhängig. Wer sich unabhängige Informationen beschafft, gilt als potenzieller Kritiker und ist der Führung zu melden.

Im Folgenden werden zwei dieser konfliktträchtigen Gruppen näher vorgestellt, zunächst Scientology und später Jehovas Zeugen.

---

[51] Zum Wesen einer solchen Sprache vgl. Deckert, 2007, S. 36.

3.2 Scientology

3.2.1 Geschichtlicher Abriss

Als Gründer der Scientology gilt Lafayette Ronald („L. Ron") Hubbard, der 1911 in Tilden, Nebraska geboren wurde. Bis heute ist es schwierig, sein Leben zu recherchieren. Zwar überhäuft Scientology „die Welt seit mehr als fünfzig Jahren geradezu mit Details seiner Biographie"; häufig allerdings passen die Einzelheiten nicht zueinander und auch nicht zu den durch Dritte belegbaren Fakten. [52]

Hubbard wuchs als Einzelkind auf, absolvierte die High School und brach im zweiten Jahr sein Studium ab.[53] Studienreisen im Alter von 20 Jahren werden von Scientology zwar genauso gern kolportiert wie das Studium an gleich vier Universitäten mit mathematischen und technischen Abschlüssen sowie einem Doktor der Philosophie; Belege für diese Aussagen fehlen allerdings.[54] Als erwiesen hingegen gilt seine schriftstellerische Tätigkeit. In den späten 30ern und 40ern verfasste er zahlreiche Heft- und später auch Science-Fiction-Romane.[55]

Mit dem Ausbruch des 2. Weltkrieges trat er als Offizier in die US-Marine ein, wurde aber von seinen jeweiligen Vorgesetzten in verschiedenen Aufgaben und Einsatzgebieten rasch als ungeeignet, unterdurchschnittlich, nicht qualifiziert für die Übernahme eines Kommandos beurteilt und 1945 aus dem Dienst entlassen.[56]

Nach seinem aktiven Militäreinsatz wandte er sich an die US-Veteranenverwaltung mit der Bitte um psychotherapeutische Behandlung. Dort gelangte er in Kontakt mit dem Verfahren zur Psychoanalyse nach Freud und der zugehörigen Therapie. Aus Einzelteilen dieser und einiger anderer psychotherapeutischer Verfahren schuf er seine Methode der psychischen Manipulation, die er 1950 als „Dianetik" vorstellte.[57]

---

[52] Vgl. Nordhausen & von Billerbeck, 2008, S. 175.
[53] Vgl. Handl, 2010, S. 77.
[54] Vgl. Nordhausen & von Billerbeck, 2008, S. 176 f.
[55] Vgl. Bayerisches Staatsministerium des Innern, 2004, S. 6 und auch Ritter-Dausend, 2010, S. 16.
[56] Vgl. Handl, 2010, S. 79 ff.
[57] Vgl. Bayerisches Staatsministerium des Innern, 2004, S. 6.

In der Folgezeit entwickelte Hubbard sein Imperium. Dabei war zunächst von Religion und Kirche keine Rede, vielmehr ging es um Wissenschaft und Therapie. Bereits 1951 deuteten sich erste Probleme mit der US-amerikanischen Gesundheitsbehörde an, die über viele Jahre andauern sollten.[58] Hubbard wurden Tätigkeiten, die ausgebildeten Medizinern vorbehalten sind, und pseudowissenschaftliche Praktiken vorgeworfen.[59] In den Jahren 1953/1954 gründete er die ersten Organisationen der Scientology-Kirche, um so über den Umweg der verfassungsrechtlich gesicherten Religionsfreiheit die staatlichen Repressionen zu minimieren. In logischer Folge wird seitdem jedwede Kritik an Scientology als religiös motivierte Diskriminierung angeprangert.[60]

1959 wurde der britische Herrensitz Saint Hill Manor das erste weltweite Hauptquartier.[61] 1968 musste Hubbard Großbritannien verlassen und verbrachte die nächsten acht Jahre auf einer privaten Schiffsflotte. Dort errichtete er mit der *Sea Org* eine paramilitärische Eliteeinheit.[62] Hubbard war davon überzeugt, dass sich dunkle Kräfte gegen ihn und seine Anhänger verschworen hatten und kreuzte jahrelang überwiegend in internationalen Gewässern. Seit 1976 ist Clearwater, Kalifornien spirituelles Zentrum.[63]

Hubbard verstarb 1986; derzeit wird die Organisation von David Miscavige geführt. Hubbards Richtlinien und Anweisungen bleiben unverändert gültig, wie Scientology in einem 2007 neu aufgelegten Werk von Hubbard betont.[64]

Aussagen über die Mitgliederzahl sind schwierig. Scientology selbst zählt jede Person, die auch nur einmal einen Kurs belegt hat, als Mitglied. STEIERT diskutiert dieses Problem in ihrer Dissertation ausführlich, bemängelt das Fehlen jeglicher valider Daten und bezieht sich auf Eigenangaben der Gemeinschaft sowie Schätzungen verschiedener

---

[58] Vgl. Caberta, 2009, S. 28 f.
[59] Vgl. Handl, 2010, S. 123 f.
[60] Vgl. Handl, 2010, S. 10 ff.
[61] Vgl. Nordhausen & von Billerbeck, 2008, S. 198 f.
[62] Vgl. Steiert, 2002, S. 150 und Ritter-Dausend, 2010, S. 30 f.
[63] Vgl. Steiert, 2002, S. 150.
[64] Vgl. Hubbard, 2007 c, S. 421.

Institutionen. Danach zähle Scientology weltweit vermutlich zwischen 300.000[65] und 25 Mio.[66] Mitglieder. Für Deutschland belaufen sich die Angaben auf 20.000 – 70.000, davon werden 300 – 400 zum „harten Kern" gezählt.[67] Die Verfassungsschutzberichte 2009/2010 nennen für Deutschland 4.000 – 5.000 Mitglieder,[68] weltweit ca. 130.000.[69] Die Spannbreiten der Schätzungen vermögen eine lediglich grobe Orientierung zu geben und sind aus wissenschaftlicher Sicht mehr als unbefriedigend.

3.2.2 Organisationsstruktur

An der Spitze von Scientology steht das *Religious Technology Center International* (*RTC*) in Los Angeles. Es verwaltet Lizenzen, Urheberrechte und Warenzeichen, schützt den Gebrauch scientologischer „Techniken" und ist weltweit für die Autorisierung und Lizenzierung zuständig. Alle Unterorganisationen müssen daher Lizenzgebühren an das *RTC* zahlen.[70]

Die *Church of Scientology International* (*CSI*) ebenfalls mit Sitz in Los Angeles ist zuständig für die Entwicklung und Freigabe neuer Programme und Inhalte. Sämtliche Entscheidungen der Church werden von ihr per *policy* an alle Niederlassungen weltweit verteilt. Der *CSI* unterstellt sind diverse *Continental Liaison Offices* (*CLO*), die jeweils als Headquarter für eine bestimmte Region dienen.[71] Das für Europa und Israel zuständige *CLO* befindet sich in Kopenhagen.[72]

Auf der untersten Hierarchieebene befinden sich Kirchen und Missionen, intern *Orgs* (für *Organizations*) genannt.[73] Missionen sind kleiner als Kirchen und haben nur ein

---

[65] So ein ehemaliges Mitglied der *Sea Org* in einem Interview, geführt von Thiede, Werner in Sonderdruck Nr. 22 von Materialdienst der Evangelischen Zentralstelle für Weltanschauungsfragen (EZW) 10/1994 zitiert nach Steiert, 2002, S. 8.
[66] So Gasper, Müller & Valentin, 1994, zitiert nach Steiert, 2002, S. 4.
[67] Vgl. Steiert, 2002, S. 2 ff.
[68] Vgl. Bundesamt für Verfassungsschutz, 2011, S. 380.
[69] Vgl. Bayerisches Staatsministerium des Innern, 2010, S. 198.
[70] Vgl. Ritter-Dausend, 2010, S. 24.
[71] Vgl. Ritter-Dausend, 2010, S. 24 f.
[72] Vgl. Church of Scientology International, o. J. a.
[73] Vgl. Ritter-Dausend, 2010, S. 25.

eingeschränktes Kursangebot.[74] Daneben existieren weltweit elf *Celebrity Center*.[75] Diese sind für berühmte Persönlichkeiten gedacht, ansonsten funktionieren sie wie die *Orgs*. „Es geht um den Verkauf von Kursen, aber auch um das ‚Glanzabschöpfen' der Promis."[76]

Hinzu kommen andere offen agierende Einheiten der Scientology. Die *Sea Org* ist bis heute die Elite-Einheit des Imperiums. Sie überwacht die Strategie der Gesamtorganisation und unterbindet jeglichen Widerstand. Beratungsresistente Abweichler werden in Straflager (*Rehabilitation Project Forces, RPF*) verbracht, die unter ihrer Leitung stehen. Diese dienen dazu, die Dissidenten unter massiver Missachtung der Menschenwürde wieder auf Linie zu bringen.[77] Gleichzeitig fungiert die *Sea Org* als Kaderschmiede; sämtliche internationale Führungspositionen werden aus ihren Reihen besetzt.[78]

Das *Office of Special Affairs* (*OSA*) löste Anfang der 80er Jahre das *Guardians Office* ab und wird von Beobachtern und Ehemaligen als Geheimdienst der Organisation bezeichnet.[79] Es dient der Informationsbeschaffung über Kritiker und ihrer Diffamierung. Informationen werden u.a. offen (z.B. durch gezielte und systematische Auswertung der Presse, von Handelsregisterauszügen etc.) gewonnen und über Kreuz ausgewertet,[80] so wie es die Order 19 des *OSA* beschreibt:

> „*One needs to construct a data bank of all documents and cross-index to get all documents in their possession – using one file to find things that will detect the existence of unrevealed additional documents.*"[81]

---

[74] Vgl. Steiert, 2002, S. 11 f.
[75] Vgl. Church of Scientology International, o. J. b.
[76] Ritter-Dausend, 2010, S. 27.
[77] Vergleiche dazu Aussagen ehemaliger Sea Org-Mitarbeiter und Scientology-Angehöriger, u.a. in Handl, 2010, S. 191 ff., Kent, 2000 und Nordhausen & von Billerbeck, 2008, S. 283 ff.
[78] Vgl. Ritter-Dausend, 2010, S. 31.
[79] So übereinstimmend Handl, 2010, S. 159 ff., Jacobi, 2008, S. 121, Ritter-Dausend, 2010, S. 31 f., Nordhausen & von Billerbeck, 2008, S. 102 ff. und Landesamt für Verfassungsschutz Baden-Württemberg, o. J.
[80] Vgl. Landesamt für Verfassungsschutz Baden-Württemberg, o. J.
[81] OSA, 1988.

Mit Hilfe von *Wissensberichten*, zu denen jeder Scientologe aufgefordert ist, bespitzeln sich die Mitglieder untereinander. Wer das Fehlverhalten eines Mitglieds nicht meldet, macht sich automatisch mitschuldig und wird entsprechend bestraft.[82]

Daneben nutzt das *OSA* auch Methoden verdeckter Informationsbeschaffung, wie das Einschleusen von Personen unter einer Legende, oder auch „die ‚Mülleimeraktion', bei der im Abfall der Kritiker oder Gegner nach ‚belastendem Material' gesucht wird".[83]

Verschiedentlich sind Kritiker massiv eingeschüchtert, psychisch oder auch körperlich bedroht worden.[84] Insgesamt agiert das *OSA* vorsichtiger als das seinerzeitige *Guardians Office*, dass für seine rigide Vorgehensweise bekannt war. Die Ziele scheinen allerdings kaum nennenswert verändert worden zu sein.[85] *Suppressive Persons (SP)*, wie Scientology Kritiker nennt, sind Freiwild (englisch: *Fair game*):

> „*A truly Suppressive Person or group has no rights of any kind and actions taken against them are not punishable.*"[86]

> „*ENEMY: SP Order. Fair game. May be deprived of property or injured by any means by any Scientologist without any discipline of the Scientologist. May be tricked, sued or lied to or destroyed.*"[87]

Seit 1968 werden Menschen nicht mehr zum Freiwild erklärt; allerdings handelt es sich eher um eine terminologische Marketingmaßnahme als um eine tatsächliche Verhaltensänderung:

> „*The practice of declaring people FAIR GAME will cease. FAIR GAME may not appear on any Ethics Order.*[88] *It causes bad public relations. This P/L does not cancel any policy on the treatment or handling of an SP.*"[89]

---

[82] Vgl. Grünschloß, 2008, S. 236 f.
[83] Landesamt für Verfassungsschutz Baden-Württemberg, o. J.
[84] Vgl. Landesamt für Verfassungsschutz Baden-Württemberg, o. J.
[85] Vgl. Bayerisches Staatsministerium des Innern, 2006, S. 221.
[86] HCO, 1965 a.
[87] HCO, 1967.
[88] Ethikorder: Anweisung zum Umgang mit einzelnen Kritikern oder Zweiflern.
[89] HCO, 1968.

Neben all diesen Organisationen gibt es weitere diverse Einrichtungen, die Scientology nahestehen oder von ihr gesteuert werden.

Das *World Institute of Scientology Enterprises* (*WISE*) stellt den Wirtschaftsverband der Scientology dar. Ziel von *WISE* ist es, die Lehre Hubbards in jedem Unternehmen der Welt, jeder Organisation und jeder Regierung zur Anwendung zu bringen. Von jedem scientologischen Geschäftsmann wird die Mitgliedschaft in *WISE* erwartet. Streitigkeiten von *WISE*-Mitgliedern untereinander dürfen nicht vor einem ordentlichen Gericht ausgetragen werden, sondern sind der scientologischen Rechtsprechung unterworfen.[90] Die *WISE Charter Komitees* sind oberste Rechtssprechungsinstanz. Gebühren und Strafzahlungen sind an die Organisation zu entrichten.[91]

Mit Blick auf die Zielstellung dieser Untersuchung soll hier nicht weiter auf die zahlreichen Tarn- und Vorfeldorganisationen in den Bereichen Schülernachhilfe, Suchtprävention, Drogenausstieg, Gefangenenrehabilitation, sonstiger Lebenshilfe und ideologischer Desinformationskampagnen eingegangen werden.

3.2.3 Lehre

Nach scientologischer Lehre besteht der Mensch aus dem Körper, dem Verstand und dem Geistwesen „Thetan", das weit mehr ist als die Seele christlicher Vorstellung. Thetane seien „lebendige Wesen, die Körper betreiben… Diese Lebenseinheit ist… die eigentliche Identität. Sie wird durch das Hinzufügen eines Körpers verändert… [und] in eine gewisse Unwissenheit über ihren eigenen Zustand gebracht. Die Aufgabe der Scientology besteht darin, das Wissen dieses Geistes in einem solchen Maße zu vergrößern, dass er wieder weiß, was er ist und was er macht."[92]

---

[90] Vgl. WISE East US, o. J.
[91] Vgl. Ritter-Dausend, 2010, S. 109.
[92] Hubbard, 2007 b, S. 27.

Das vollzieht sich in vielen, aufeinander aufbauenden Kursen. Das gesamte System wird als „Die Brücke zur völligen Freiheit" bezeichnet.[93] Derzeit umfasst das Angebot mehr als 210 Kurse.[94]

Zunächst sei es erforderlich, den Geist zu reinigen und ein *Clear* zu werden. Hubbard unterscheidet zwei wesentliche Arten des Verstandes, den analytischen und den reaktiven Verstand.

Der analytische Verstand irre sich nie. Jeder Sinneseindruck werde hier mit zahlreichen Querverweisen zu Unterschiedlichkeiten und Ähnlichkeiten abgelegt. Das Ergebnis der Rechenoperationen dieses Verstandes sei immer richtig; fehlerhafte Ergebnisse lägen nicht an falschen Berechnungen, sondern an mangelhaften Daten.[95]

Der reaktive Verstand hingegen speichere körperlichen und seelischen Schmerz. Er denke ausschließlich in Gleichheiten und arbeite nach einem strikten Reiz-Reaktionsschema: Empfange man einen Fußtritt bei tropfendem Wasserhahn, setze der reaktive Verstand beide Dinge gleich. Nehme man künftig einen tropfenden Wasserhahn wahr, übernehme der reaktive Verstand die Steuerung, um sich dem Fußtritt zu entziehen. Diese Gleichsetzungen nennt Hubbard *Engramme*, die es zu beseitigen gelte. Denn sie bewirkten Stottern, Neurosen, Arthritis, Schleimbeutelentzündung und viele Dinge mehr. Außerdem sei dieser Verstand für Wut und Kriege verantwortlich.[96]

All diese Ereignisse seien auf der *Zeitspur* gespeichert und mit Hilfe eines *Auditors* könne man diese Zeitspur um die Engramme bereinigen.[97] Zu diesem Zweck befragt der *Auditor* unter Zuhilfenahme des *E-Meters*, eines Lügendetektors, den *Pre-Clear* über seine Vergangenheit. Einige Fragen zielen auf die Fakten, andere auf die erinnerten Emotionen.[98] Die Antworten werden in Auditing-Akten festgehalten. Die *OSA*-Beauftragten vor Ort, die *Ethik-Offiziere*, haben den Auftrag, aus diesen Akten diskreditierende Informati-

---

[93] Church of Scientology International, o. J. c.
[94] Nordhausen & von Billerbeck, 2008, S. 216.
[95] Vgl. Hubbard, 2007 a, S. 55 ff.
[96] Vgl. Hubbard, 2007 a, S. 63 ff.
[97] Vgl. Hubbard, 2007 a, S. VI ff.
[98] Vgl. Ritter-Dausend, 2010, S. 42 ff.

onen zu ziehen, die sich bei Bedarf gegen Gegner, Zweifler und Abtrünnige, auch gegen den *Pre-Clear* selbst, einsetzen lassen.[99]

Es ist wichtig, den Bewusstseinszustand *Clear* nicht nur selbst zu erreichen, sondern auch anderen dabei zu helfen. Denn nur *Clears* erhalten Menschenrechte zugestanden.[100] Alle anderen befinden sich in einer „Abwärtsspirale des Elends".[101] Doch es gibt Hoffnung für die Menschheit, denn:

„Eines Tages wird es vielleicht ein viel vernunftgemäßeres Gesetz geben, das nur Nichtaberrierten[102] erlaubt, zu heiraten und Kinder in die Welt zu setzen... Vielleicht werden in ferner Zukunft nur dem Nichtaberrierten die Bürgerrechte vor dem Gesetz verliehen... Dies sind erstrebenswerte Ziele..."[103]

Erst ein *Clear* erfährt dann die volle Wahrheit, aber auch das nur Schritt für Schritt:

Um wirklich frei zu werden und voll von seinen Fähigkeiten Gebrauch machen zu können, ist es noch notwendig, seinen Thetanen wieder zur vollen Aktivität zu erwecken, also ein *Operierender Thetan* zu werden. Die Thetane wurden vor 75 Millionen Jahren von *Xenu*, dem Befehlshaber einer intergalaktischen Konföderation, auf dem Planeten Erde gefangen gesetzt, um das Überbevölkerungsproblem der Konföderation zu lösen. Damit alle Thetane platzsparend untergebracht werden konnten, mussten sich mehrere Thetane jeweils einen Körper teilen. Jedem durch einen Thetan gesteuerten Körper haften daher auch heute noch weitere Thetane an. Diese *Body-Thetans* hängen häufig in *Clustern* an bestimmten Körperteilen. In aufeinander aufbauenden Kursen wird der *Clear* zunächst *Operierender Thetan* und kann dann höhere Stufen erklimmen, die den eigenen Thetanen immer weiter befreien.[104]

---

[99] So übereinstimmend Nordhausen & von Billerbeck, 2008, S. 380 f., Scheffler, 2010 a, 2. Absatz, und Armstrong, 2001, zitiert nach EBIS e.V. Baden-Württemberg, o. J.
[100] Vgl. Hubbard, 2007 c, S. 67 f., auch in Hubbard, 2007 b, S. 229 ff.
[101] Hubbard, 2007 a, S. 373.
[102] Anderes Wort für einen *Clear*.
[103] Hubbard, 2007 a, S. 373, 483.
[104] Vgl. Jacobi, 2008, S. 32 ff.

Heil gibt es exklusiv in Hubbards Lehre: „In all the broad universe, there is no other hope for man than ourselves. This is a tremendous responsibility."[105] Handlungen, die sich dieser Verantwortung in den Weg stellen, gelten als antisozial.[106] Die öffentliche Abkehr von Scientology, öffentliche Kritik, gegen Scientology gerichtete Zeugenaussagen, kritische Informationen an die Presse, das Übergehen der Scientology-eigenen Gerichtsbarkeit, das alles sieht Scientology als unterdrückerische Maßnahmen[107] und ist bestrebt, den Unterdrücker „auszurotten".[108]

> „Niemand unter uns richtet oder bestraft gerne. Trotzdem sind wir vielleicht die einzigen Leute auf der Erde mit einem Recht zu bestrafen."[109]

3.3 Jehovas Zeugen

3.3.1 Geschichtlicher Abriss

Als Gründer der Gemeinschaft gilt der 1852 in der Nähe von Pittsburgh (Pennsylvania, USA) geborene Kaufmann Charles Taze Russell. Als die von den Adventisten für das Jahr 1874 prophezeite Wiederkunft Jesu ausblieb, entwickelte er in einem kleinen Studienkreis sein eigenes Lehrsystem. 1879 begann Russel, sein erstes eigenes Monatsmagazin (*Zion's Watch Tower and the Herald of Christ's Presence*) herauszugeben. *Der Wachtturm* ist bis auf den heutigen Tag zentrales Publikationsorgan der Gemeinschaft.[110] 1884 folgte die erste Gründung einer gemeinnützigen Körperschaft in den USA und 1903 wurde mit der *Wachtturm Bibel- und Traktat-Gesellschaft* das erste deutsche Zweigbüro in Wuppertal-Elberfeld gegründet.[111] Sah man sich bislang als eine überkonfessionelle

---

[105] Hubbard, 1967, in Ron's Journal 67 (eine Tonaufzeichnung), zitiert nach Freie Zone e.V., o. J.
[106] Vgl. Hubbard, 2007 b, S. 193 ff.
[107] Vgl. Hubbard, 2001, S. 129 ff., zur Auswirkung dieser Bezeichnung siehe Seite 23 dieser Studie: *Suppressive Person*
[108] Vgl. Hubbard, 1999, S. 672 ff.
[109] Hubbard, 1979, S. 8.
[110] Vgl. Deckert, 2007, S. 103 f.
[111] Vgl. Pohl, 2010, S. 43.

Bewegung, so gab man sich 1909 den Namen *Ernste Bibelforscher* und verstand sich zunehmend als eigene Denomination.[112]

Russell verstarb 1916. Sein Nachfolger, Joseph F. Rutherford, organisierte den bis dahin eher demokratischen Aufbau straff als Theokratie. Die Wachtturm-Gesellschaft war für ihn der sichtbare Vertreter Christi auf Erden. Ihr hatten sich alle Bibelforscher zu unterstellen. Diese Umorganisation fand ihren symbolischen Abschluss in der 1931 erfolgten Umbenennung in *Jehovas Zeugen*,[113] wobei Jehova der Eigenname Gottes sein soll.[114]

Mit der Machtergreifung Hitlers nahm in Deutschland die Propaganda gegen die Bibelforscher zu.[115] Am 25.06.1933 sah man sich daher zu einer öffentlichen Loyalitätskundgebung veranlasst, um den Fortbestand der Wachtturm-Gesellschaft im Deutschen Reich und seinen Einflusssphären zu sichern.[116] Dieser Anbiederungsversuch blieb erfolglos; in kürzester Zeit waren Jehovas Zeugen / Bibelforscher im Deutschen Reich verboten und die NS-Diktatur ging gegen sie mit derart brutaler Härte vor, dass verschiedene Historiker einen Vergleich mit dem jüdischen Schicksal in jener Zeit ziehen.[117]

Während nach dem Zusammenbruches des Deutschen Reiches Jehovas Zeugen in der DDR rasch wieder verboten wurden, konstituierten sie sich auf dem Gebiet der Bundesrepublik als eingetragener Verein.[118] Seit 1990 sind Jehovas Zeugen bestrebt, die Rechtsform einer Körperschaft des Öffentlichen Rechts verliehen zu bekommen; das Bundesland Berlin wurde 2005 verurteilt, diesen Status zu gewähren.[119] Das Urteil ist seit 2006 rechtskräftig. Nach der daraus resultierenden Verleihung der Körperschaftsrechte im Land Berlin stellten Jehovas Zeugen in den anderen Bundesländern einen Antrag auf

---

[112] Vgl. Garbe, 1999, S. 44.
[113] Vgl. Deckert, 2007, S. 105 ff.
[114] Vgl. WTGZJ, 2001, S. 4.
[115] Vgl. Garbe, 1999, S. 87.
[116] Vgl. Petersen, 2011, S. 138 f., der genaue Wortlaut der Resolution und des Begleitschreibens findet sich in Watch Tower Bibel and Tract Society German Branch, 1933 a und Watch Tower Bible and Tract Society German Branch, 1933 b.
[117] Für weitere Einzelheiten wird auf Garbe, 1999, S. 11 ff., insbesondere die dortige Fußnote 14 verwiesen.
[118] Vgl. Besier & Besier, 1999, S. 10.
[119] Vgl. Oberverwaltungsgericht Berlin, Urt. v. 24.03.2005, Az. OVG 2 B 12.01.

„Zweitverleihung", der in den meisten Bundesländern positiv beschieden wurde; in den anderen erscheint ein erneuter Rechtsstreit wahrscheinlich.[120]

Laut Eigenangaben der Religionsgesellschaft gab es in Deutschland im Jahr 2011 167.000 *Verkündiger*.[121] Berücksichtigt man, dass von einem Zeugen Jehovas erwartet wird, am *Verkündigen* seines Glaubens, also an der Missionstätigkeit, teilzunehmen,[122] so mag sich die Mitgliederzahl geringfügig oberhalb dieser Angabe bewegen, da kleine Kinder und stark gebrechliche Mitglieder nicht in der Verkündiger-Angabe enthalten sein dürften.

3.3.2 Organisationsstruktur

Die Gesamtorganisation wird von der *Leitenden Körperschaft* in der Weltzentrale der Jehovas Zeugen in New York geführt,[123] die für sich beansprucht, Jesu irdischer Vertreter als „Führer und Gebieter"[124] über die Zeugen Jehovas zu sein. Sie hat daher die geistliche und organisatorische Leitung inne.[125]

Insgesamt bedient man sich verschiedener Rechtsformen, je nach Staat und genauer Aufgabe der jeweiligen Einheit.[126] Das System ist straff und autoritär durchorganisiert:[127] Die *Leitende Körperschaft* steht insgesamt 10 *Zonenaufsehern* vor.[128] Jeder *Zonenaufseher* beaufsichtigt die ihm zugeordneten *Zweigbüros* (rechtlich selbstständige oder unselbstständige Filialen in den verschiedenen Ländern der Erde), die Leitung der *Zweigbüros* führt die *Bezirksaufseher*, die ihrerseits 10 – 12 *Kreisaufseher* betreuen. Jeder *Kreis* besteht aus ca. 18 – 25 *Versammlungen* (Ortsgemeinden), die von einer *Ältestenschaft*

---

[120] Vgl. Jehovas Zeugen, o. J. a und Jehovas Zeugen, o. J. b.
[121] Vgl. Jehovas Zeugen, o. J. c.
[122] Vgl. WTGZJ, 2010 a, S. 48, 51f.
[123] Vgl. WTGDZ, 1990, S. 363.
[124] WTGZJ, 2005 a, S. 13.
[125] Vgl. WTGZJ, 2005 a, S. 15 ff.
[126] Vgl. WTGZJ, 2005 a, S. 25 f.
[127] Vgl. Neitz, 2004, S. 11.
[128] Vgl. WTGDZ, 1993, S. 101.

geleitet wird.[129] Jede Führungsebene berichtet in regelmäßigen Abständen an die jeweils vorgeordnete Instanz.[130]

Streitigkeiten von Jehovas Zeugen untereinander sollen nicht vor einem weltlichen Gericht ausgetragen werden.[131] Vielmehr ist die örtliche Ältestenschaft gehalten, derlei Dinge zu regeln.[132]

Für Verstöße von Mitgliedern gegen Glaubens- und Verhaltensdoktrin der Gemeinschaft ist ebenfalls die örtliche Ältestenschaft zuständig. Sie bildet zu diesem Zweck ein aus mindestens drei Ältesten bestehendes Rechtskomitee. Der Strafkatalog beginnt bei einer Zurechtweisung, die je nach Schwere und Bekanntheit des Verstoßes unter vier Augen oder aber vor der gesamten Gemeinde erfolgt.[133] Manchmal wird die Gemeinde auch vor dem unbotmäßigen Verhalten eines Mitgläubigen in einem Vortrag gewarnt, ohne den Betroffenen namentlich zu nennen. Von den Mitgliedern wird erwartet, anschließend ihre Kontakte zu dem Betroffenen stark einzuschränken.[134] Das Mitsingen von Liedern im Gottesdienst einer anderen Denomination steht auf der gleichen Stufe wie Mord und kann mit der Höchststrafe geahndet werden, dem Gemeinschaftsentzug.[135]

Jedem Zeugen Jehovas ist es fortan verboten, sich mit dem Betreffenden zu unterhalten oder ihn auch nur zu grüßen.[136] Dieses Verbot gilt auch innerhalb der Familie:

„Was aber, wenn wir mit jemand, der ausgeschlossen werden musste, verwandt oder eng befreundet sind? Dann steht jetzt unsere Treue auf dem Prüfstand, und zwar nicht gegenüber dieser Person, sondern gegenüber un-

---

[129] Vgl. Pohl, 2010, S. 94 ff.
[130] Vgl. Pohl, 2010, S. 96.
[131] Vgl. WTGZJ, 2010 a, S. 133 f.
[132] Vgl. WTGZJ, 2005 a, S. 147 ff.
[133] Vgl. WTGZJ, 2010 a, S. 96 ff.
[134] Vgl. WTGZJ, 2005 a, S. 150 f.
[135] Vgl. WTGZJ, 2010 a, S. 58 ff.
[136] Vgl. WTGZJ, 2006 a, S. 23.

serem Gott. Jehova schaut nun darauf, ob wir uns an sein Gebot halten, keinen Kontakt mehr mit jemandem zu haben, der ausgeschlossen ist."[137]

"Wer Jehova treu sein möchte, sucht nicht nach Vorwänden für Kontakte mit einem ausgeschlossenen Verwandten, der eine eigene Wohnung hat."[138]

Da einem Zeugen Jehovas nahe gelegt wird, freundschaftlichen Umgang lediglich mit anderen Zeugen Jehovas zu pflegen,[139] stellt „als logische Konsequenz die Glaubensgemeinschaft das einzig relevante soziale Umfeld"[140] dar. Mit Ausschluss aus der Gemeinschaft ist der ehemalige Zeuge Jehovas sozial isoliert.[141] Das Wissen um diesen Sachverhalt erzeugt eine starke Bindung an die herrschenden Gruppennormen.[142]

3.3.3 Lehre

Jehovas Zeugen glauben, dass die Bibel in ihrer Gesamtheit der 66 Bücher des lutherischen Bibelkanons von Gott inspiriert ist. Daraus folgt ihre absolute wissenschaftliche Exaktheit und Widerspruchsfreiheit, auch in geschichtlichen oder biologischen Fragen.[143] Externe Quellen sind zum Verständnis der Bibel unwichtig; sie legt sich selbst aus.[144] Freilich sind manche Stellen schwer verständlich; hier bedarf es der Hilfe von Gottes Organisation.[145] Diese ist mit den Zeugen Jehovas gleichzusetzen.[146] Lehränderungen, wie sie häufiger vorkommen, werden damit begründet, dass Gott seiner Organisation eine noch genauere Erkenntnis seines Wortes hat zukommen lassen.[147]

Die jeweils aktuelle „Wahrheit", wie die Zeugen Jehovas die Gesamtheit ihrer Glaubensüberzeugungen nennen, ist gleichwohl demütig zu akzeptieren und loyal zu vertreten.[148]

---

[137] WTGZJ, 2012, S. 12.
[138] WTGZJ, 2008 a, S. 209.
[139] Vgl. WTGZJ, 2009 a, S. 14, WTGZJ, 2009 b, S. 20 f., WTGZJ, 2008 b, S. 26 f.
[140] Deckert, 2007, S. 191.
[141] Vgl. Weber, 1994, S. 71.
[142] Vgl. Deckert, 2007, S. 186 ff., ähnlich auch Köppl, 2001, S. 95 f.
[143] Vgl. WTGZJ, 2010 b, S. 7.
[144] Vgl. WTGZJ, 2009 c, S. 23.
[145] Vgl. WTGDZ, 1994, S. 6.
[146] Vgl. WTGZJ, 2011 a, S. 13 ff.
[147] Vgl. Deckert, 2007, S. 164 f.
[148] Vgl. Deckert, 2007, S. 156 ff.

Das Spektrum reicht dabei von detaillierten Regulierungen des Alltags (z. B. erwünschte und unerwünschte Kleidung in der Freizeit)[149] bis hin zu Verhaltensweisen mit direktem Einfluss auf Gesundheit oder Leben. So exkommuniziert sich z.B. ein Zeuge Jehovas mit der Einwilligung in eine Bluttransfusion automatisch selbst.[150]

Jehovas Zeugen gehen davon aus, dass in Kürze alle menschlichen Systeme und ihre Anhänger von Gott vernichtet werden. Nur die Zeugen Jehovas werden errettet[151] und ein paradiesischer Garten Eden wird auf der Erde neu entstehen.[152] Die heutigen Ältesten haben die Aussicht, dann von Jesus als Fürsten auf der Erde eingesetzt zu werden.[153]

Alle Menschen, die noch keine Zeugen Jehovas sind, müssen aufgefordert werden, sich der wahren Anbetung anzuschließen und ein „Freund Gottes"[154] zu werden. In Ausübung dieses göttlichen Missionsauftrages sind die Gläubigen nie „außer Dienst". Sie missionieren daher von Tür zu Tür, sprechen Passanten an und sollen auch in ihrem restlichen Leben jede sich bietende Möglichkeit nutzen, um über ihren Glauben zu sprechen und Publikationen ihrer Religionsgemeinschaft zu verteilen.[155]

Jehovas Zeugen sind gehalten, sich nicht in politische und soziale Angelegenheiten einzumischen.[156] Generell sollte man Distanz zu Andersgläubigen bewahren:

„Zwar fühlen wir uns Menschen, die sich zu einem anderen Glauben bekennen, nicht überlegen, doch hüten wir uns davor, geselligen Umgang mit ihnen zu pflegen."[157]

Ob andersgläubiger Kollege, Vorgesetzter oder Nachbar, für sie alle gilt:

„Somit ist Satans Welt die organisierte menschliche Gesellschaft, die außerhalb der sichtbaren Organisation Gottes existiert. Von dieser Welt müssen sich wahre Christen getrennt halten."[158]

---

[149] Vgl. dazu beispielsweise WTGDZ, 1999 a, S. 10.
[150] Vgl. WTGZJ, 2010 a, S. 111 f.
[151] Vgl. WTGDZ, 1989 a, S. 19.
[152] Vgl. WTGZJ, 2008 c, S. 33 ff.
[153] Vgl. WTGDZ, 1999 b, S. 17.
[154] WTGZJ, 2009 d, S. 31.
[155] Vgl. WTGZJ, 2011 b, S. 1.
[156] Vgl. WTGZJ, 2011 c, S. 17.
[157] WTGZJ, 2002, S. 27.

Daher werden kirchliche Feiertage wie Weihnachten und Ostern abgelehnt.[159] Gleiches gilt für das Pflegen „volkstümlicher Bräuche" oder „weltlicher Feiertage".[160]

Diese Welt kann Ehrlichkeit nur beanspruchen, wenn und solange nicht die Interessen der Zeugen Jehovas als Gottes Organisation auf dem Spiel stehen. Das Bibellexikon der Glaubensgemeinschaft erklärt den Begriff „Lüge" konsequenterweise wie folgt:

„Das Lügen schließt im allgemeinen eine Falschaussage gegenüber einer Person ein, die berechtigt ist, die Wahrheit zu wissen... Bösartiges Lügen wird zwar in der Bibel deutlich verurteilt, aber das bedeutet nicht, daß man verpflichtet ist, jemandem wahrheitsgemäß irgendwelche Informationen zu geben, die zu erhalten er kein Recht hat... Zweifellos muß die Art und Weise, wie Abraham, Isaak, Rahab und Elisa handelten, als sie Personen, die keine Anbeter Jehovas waren, irreführten..., ebenso beurteilt werden."[161]

So kommt es in Lehre und Verhaltensnormen zu unterschiedlichen „Wahrheitsebenen", wie DECKERT nachweist.[162] POHL spricht in ihrer Studie über Kindererziehung und deren Normen gar von „gezielter Desinformation nach außen".[163]

---

[158] WTGDZ, 1989 b, S. 209.
[159] Vgl. WTGZJ, 2011 d, S. 17.
[160] WTGDZ, 1996, S. 18.
[161] WTGDZ, 1992, S. 236 f.
[162] Vgl. Deckert, 2007, S. 147 f.
[163] Pohl, 2010, S. 343 ff.

Ideologisch konfliktträchtige Gruppen: Eine erste Orientierung

Zusammenfassend lässt sich festhalten, sowohl Scientology als auch Jehovas Zeugen erfüllen die in Kapitel 2.1 aufgestellten Kriterien einer ideologischen Gruppierung. Beide verwenden Maßnahmen aus den in Punkt 3.1 aufgeführten vier Manipulationstechniken. Des Weiteren wurde die Konfliktträchtigkeit dieser Gruppierungen im Verhältnis zur Gesellschaft deutlich.

Soziale Manipulation in konfliktträchtiger Gruppe —verstärkt→ **Ideologie des „Auserwähltseins"**

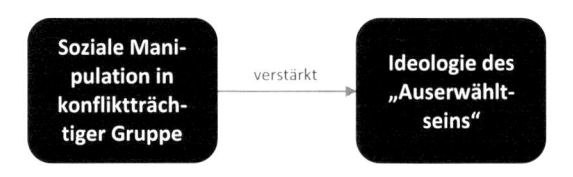

Abbildung 2: Soziale Manipulation und Ideologie
Quelle: Eigene Darstellung

4 Spezielle Risiken aus der Zugehörigkeit von Mitarbeitern zu ideologisch konflikträchtigen Gruppen

*Alle Menschen sind klug,
die einen vorher,
die anderen nachher.*
(Voltaire)

Im Folgenden wird erörtert, wie sich das ideologische Lehrgebäude der dargestellten Glaubensgemeinschaften auf die qualitativen Personalrisiken eines Unternehmens auswirken kann, das Mitarbeiter aus diesen Gruppierungen eingestellt hat. Dabei wird auf die bereits eingeführten Risikokategorien zurückgegriffen.

4.1 Austritts- und Anpassungsrisiko

4.1.1 Scientology

Das scientologische Kurssystem insgesamt ist sehr teuer. Für den Status *Clear* sind mindestens € 15.000,-- aufzuwenden, oftmals auch deutlich mehr.[164] JACOBI berichtet aus eigener Erfahrung, es sei „gar kein Problem, für drei Wochen Scientology-Service runde € 20.000,--… auszugeben."[165] Mitarbeiter von Scientology erhalten einen Rabatt auf diese Kurse.[166] Aus dieser Tatsache ein erhöhtes Austrittsrisiko scientologischer Mitarbeiter zu folgern, erscheint allerdings fehl am Platz. Insbesondere Schlüsselpersonen im Unternehmen dürften eher zum Verbleib bewogen werden, da so eine gezielte Einflussnahme von Scientology im Unternehmen möglich ist.[167] Aus dem gleichen Grund dürfte auch eine mangelnde Wandlungsbereitschaft eher die Ausnahme als die Regel darstellen.

---

[164] Vgl. Ritter-Dausend, 2010, S. 89.
[165] Jacobi, 2008, S. 65.
[166] Vgl. Jacobi, 2008, S. 66.
[167] Vgl. Kapitel 4.5: *Unterwanderungsrisiko*.

4.1.2 Zeugen Jehovas

Einem Zeugen Jehovas wird bereits in jungen Jahren nahe gelegt, seine Zeit vermehrt für seine Glaubensgemeinschaft einzusetzen, statt einen Universitätsabschluss[168] oder eine weltliche Karriere[169] anzustreben. Auch Mitglieder, die bereits längere Zeit im Beruf stehen, erhalten sinngemäße Aufforderungen; die Berufstätigkeit soll lediglich dazu dienen, sich selbst und ggf. die Familie ernähren zu können.[170]

Nach eigenen Angaben nehmen religiöse Tätigkeiten im Mittel 17,5 Stunden pro Woche ein.[171] Zumindest für einen durchschnittlichen Vollzeitbeschäftigen folgt daraus, dass für berufliche Weiterbildung kaum nennenswert Zeit zur Verfügung steht.

Man könnte hieraus ein erhöhtes Risiko des Austritts oder auch mangelnder Wandlungsbereitschaft unterstellen. Aktuelle Forschungen zum Thema „Work-Life-Balance" weisen allerdings darauf hin, dass ein privates Gegengewicht zur Arbeit die Leistungsfähigkeit des Arbeitnehmers erhöht und sich – bei entsprechender Unterstützung durch den Arbeitgeber – sogar förderlich auf die Mitarbeiterbindung auswirkt.[172] Insgesamt betrachtet bietet sich somit von der Lehre der Glaubensgemeinschaft her kein Grund, ein deutlich über dem Durchschnitt aller Arbeitnehmer liegendes Risiko des Austritts oder mangelnder Anpassungswilligkeit anzunehmen. Tendenziell mag das Austrittsrisiko sogar leicht darunter liegen, da Karrieresprünge durch häufige Arbeitgeberwechsel nicht angestrebt werden.

4.1.3 Mittelbares Austrittsrisiko

Neben das hier dargestellte originäre Austrittsrisiko tritt noch das aus verbotener Handlung des Arbeitnehmers resultierende mittelbare Austrittsrisiko, d.h. das Risiko einer Beendigung des Arbeitsverhältnisses aufgrund eines vertrags- oder gesetzeswidrigen

---

[168] Vgl. WTGZJ, 2005 b, S. 26 ff.
[169] Vgl. WTGZJ, 2008 d, S. 17 ff.
[170] Vgl. WTGZJ, 2003 a, S. 1 und WTGZJ, 2011 e, S. S. 30.
[171] So das Ergebnis einer internen Befragung der Zeugen Jehovas in Deutschland aus dem Jahr 1994, zitiert nach Deckert, 2007, S. 189.
[172] Vgl. Thiele, 2009, S. 61 ff.

Verhaltens zu Lasten des Arbeitgebers. In diesem Zusammenhang wird auf die Ausführungen zum Deliktrisiko im Kapitel 4.3 verwiesen.

4.2 Motivationsrisiko

Wie bereits dargestellt, handelt es sich sowohl bei Scientology als auch bei Jehovas Zeugen um absolutistische Glaubensgemeinschaften: In jedem Teil des Lebens hat die Umsetzung der Ideologie uneingeschränkte Priorität. Alle anderen Teilbereiche sind diesem Ziel untergeordnet.

Zwei gängige Motivationstheorien sollen die Schwierigkeiten betrieblicher Motivation in diesem Zusammenhang aufzeigen. Dabei wird Motivation verstanden als das bewusste Hervorrufen bestimmter Handlungsweisen.[173]

Inhaltstheorien geben eine Antwort auf die Frage, welche Anreize motivierend wirken.[174] Hier wird exemplarisch MASLOWS Motivationstheorie herangezogen. MASLOW unterscheidet fünf Stufen der Bedürfnisse (vgl. Abbildung 3). Die oberen Stufen kommen erst zur Geltung, wenn die Bedürfnisse der untergeordneten Stufen erfüllt sind; dann aber wirken sie stärker als die unteren.[175]

Wenn man die physiologischen Bedürfnisse in der westlichen Welt als grundsätzlich leicht zu befriedigen ansieht, so erfüllen die betrachteten ideologischen Gemeinschaften die Bedürfnisse aller anderen Ebenen: Ordnung und Berechenbarkeit zählen zu Sicherheitsbedürfnissen. Die Gruppe bietet Gelegenheit zur Identifikation.

---

[173] Vgl. Barthel, Bernitzke & Fliegner, 2005, S. 106.
[174] Vgl. Wunderer, 2009, S. 112 f.
[175] Vgl. Maslow, 2010, S. 62 ff.

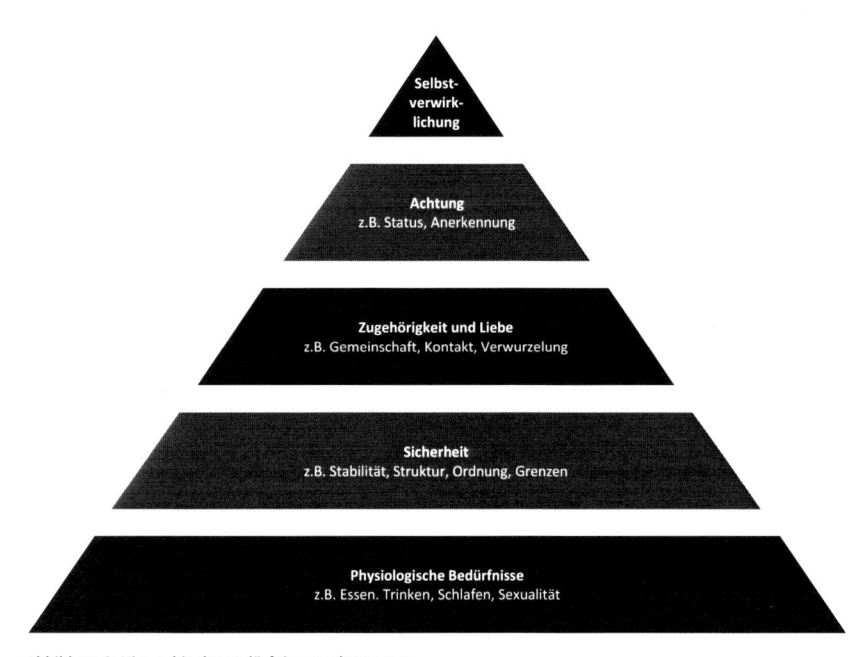

Abbildung 3: Hierarchie der Bedürfnisse nach MASLOW
Quelle: Eigene Darstellung in inhaltlicher Anlehnung an Maslow, 2010, S. 62 ff.

Ein exklusiver Status ist gesichert durch die Zugehörigkeit zur vermeintlich einzigen Gruppe, die im Besitz der allein gültigen Wahrheit über die menschliche Existenz ist. Der Aufstieg zum *Operierenden Thetanen*, der sich frei von Raum und Zeit bewegen kann (Scientology), oder ein Aufstieg in der straffen Hierarchie der Zeugen Jehovas mit der Aussicht, zu den künftigen *Fürsten* des irdischen Paradieses zu gehören, stellt eine eindrucksvolle Möglichkeit der Selbstverwirklichung dar, die im beruflichen Umfeld ihresgleichen sucht.

Prozesstheorien erläutern, wie Motivationsprozesse ablaufen.[176] Die VIE-Theorie von VROOM verdeutlicht die Herausforderungen: Nach VROOM besteht die Motivation zu

---

[176] Vgl. Wunderer, 2009, S. 118.

einer bestimmten Handlung aus dem Produkt von Valenz, Instrumentalität und Erwartung.[177] Abbildung 4 zeigt die Definition der drei Faktoren.

Das von der Glaubensgemeinschaft in Aussicht gestellte ewige Leben ohne Sorgen und Nöte in fortwährendem Glück ist offenkundig ein Zustand, der für viele Individuen einen *unermesslich* hohen subjektiven Wert besitzt *(Valenz = ∞)*. Dieser *zukünftige Nutzen* wird mit einer 100%igen Wahrscheinlichkeit erreicht, sofern man als *Ergebnis* seiner Handlungen seinen Thetanen befreit hat bzw. ein Freund Gottes geworden ist *(Instrumentalität = 100%)*. Dieses Handlungsergebnis ist ebenfalls absolut sicher, wenn man den Regeln seiner Glaubensgemeinschaft exakt folgt *(Erwartung = 100%)*. Es ist unschwer zu erkennen, dass das Produkt dieser drei Faktoren eine konkurrenzlose Motivation erzeugt.

Die aus der religiösen Überzeugung resultierende Motivation ist somit weder inhaltlich noch prozessual zu übertreffen. Motivationsinstrumente des Arbeitgebers werden daher nur wirken, wenn und solange sie nicht auf Verhaltensweisen zielen, die konträr zu den Glaubensansichten des Mitarbeiters verlaufen.

Abbildung 4: Motivationsprozess nach VROOM
Quelle: Eigene Darstellung in inhaltlicher Anlehnung an Vroom, 1995, S. 17 ff.

---

[177] Vgl. Vroom, 1995, S. 17 ff.

4.3 Deliktrisiko

4.3.1 Scientology

Im Rahmen von *Wissensberichten* oder von *Auditing* [178] können sensible Kunden- und Mitarbeiterdaten sowie andere Betriebsgeheimnisse, die einer gesetzlichen, berufsständischen oder vertraglichen Geheimhaltungspflicht unterliegen, in die Auditing- oder Ethik-Akte eines Scientologen geraten. Aussteiger berichten übereinstimmend davon, dass das so gewonnene Wissen seitens Scientology auch genutzt wird, um *Suppressive Persons* unter Druck zu setzen.[179]

Daneben besteht das Risiko, dass Mitarbeiter durch Vorgesetzte, die Scientology angehören, unter Kündigungsandrohung gezwungen werden, bestimmte Seminare zu besuchen. Auch wird von Betriebsratsmitgliedern berichtet, die das im Rahmen ihres Mandats gewonnene Wissen im Sinne von Scientology genutzt haben.[180]

> *„Die Gefahr ist groß, dass ein strenggläubiger Scientologe im Berufsleben in einen Loyalitätskonflikt gerät, da er von Scientology dazu angehalten oder sogar gezwungen werden kann, im Sinne der Organisation und nicht in dem des Arbeitgebers zu handeln."*[181]

Im Zusammenhang mit Scientology sind Fälle von Steuerhinterziehung, Urkundenfälschung, Betrug, Diebstahl, Verschwörung, Freiheitsberaubung, gefährlicher Körperverletzung, Beleidigung und Morddrohungen bekannt und dokumentiert, bei denen die Straftat in erkennbarem Interesse der Gemeinschaft stand.[182] Selbst wenn sich die Tat nicht unmittelbar gegen den Arbeitgeber richtet, ist dieser unter Risikoaspekten mittelbar betroffen, wenn der Mitarbeiter anschließend zu einer längeren Haftstrafe verurteilt wird und daher seine Arbeitsverpflichtung nicht erfüllen kann. In diesem Fall kommt die

---

[178] Vgl. S. 23 bzw. S. 25 f. dieser Studie.
[179] Fifka & Sykora, 2009, S. 115 f.
[180] Fifka & Sykora, 2009, S. 116.
[181] Fifka & Sykora, 2009, S. 94.
[182] Vgl. Bayerisches Staatsministerium des Innern, 2004, S. 41 ff. und Steiert, 2002, S. 150 – 241.

Kündigung des Arbeitnehmers in Betracht,[183] so dass ein deliktinduziertes Austrittsrisiko besteht (vgl. Kapitel 4.1.3).

4.3.2 Jehovas Zeugen

Auch bei Jehovas Zeugen besteht ein erhöhtes Risiko, dass vertrauliche und geschützte Daten zu unbefugten Stellen gelangen. Zeugen Jehovas sind verpflichtet, dafür Sorge zu tragen, dass schwerwiegende Verstöße eines Mitgläubigen gegen die Verhaltensregeln der Religionsgemeinschaft den örtlichen Ältesten bekannt werden,[184] ansonsten machen sie sich seiner Sünde mitschuldig.[185] Zu solchen meldepflichtigen Verstößen zählen Ehebruch, Kontakt mit Ehemaligen, eine nicht statthafte medizinische Behandlung u.v.m.[186]

Eine Beratungsakte wegen ehelicher Untreue beim Rechtsanwalt, eine in der Bank abgegebene Überweisung zugunsten einer Selbsthilfegruppe von Aussteigern oder eine Rechnung, die eine Bluttransfusion beinhaltet, in der Leistungsakte einer Krankenversicherung: Entdeckt ein Zeuge Jehovas als Mitarbeiter des Unternehmens einen solchen Sachverhalt bei einem Kunden bzw. Mandanten, den er als „Mitbruder" kennt, steigt das Deliktrisiko. Während in der Bundesrepublik Deutschland das Arzt- und Anwaltsgeheimnis über das Interesse an der Strafverfolgung gestellt wird,[187] ist dieses in der internen Justiz der Religionsgemeinschaft genau anders herum:

„Gottes Gesetz ist höchstrangig…. Manchmal wird ein treuer Diener Gottes… die Schweigepflicht wegen der höherrangigen Forderungen des göttlichen Gesetzes teilweise oder ganz brechen."[188]

---

[183] Vgl. Müller & Rieland, 2006, Rn. 1439 ff., Rn. 1491, ähnlich Brox, Rüthers & Henssler, 2007, Rn. 480, Rn. 539
[184] WTGDZ, 1997, S. 26 ff.
[185] WTGDZ, 1985, S. 20 f.
[186] WTGZJ, 2010 a, S. 58 ff.
[187] Vgl. §§ 53, 53a StPO.
[188] WTGDZ, 1987, S. 15.

Auch wenn derzeit für die Bundesrepublik keine Straf- oder Arbeitsgerichtsverfahren in dieser Angelegenheit auffindbar sind, so bedeutet das nicht automatisch, dass diese Anweisung in der Praxis nicht befolgt wird. Arbeitgeber könnten bestrebt sein, derlei Verstöße ihrer Mitarbeiter möglichst „geräuschlos" zu sanktionieren, und auch ein Geschädigter könnte ein Interesse daran haben, zum Beispiel seine Schwangerschaftsunterbrechung oder Bestellung pornographischen Materials nicht in einem öffentlichen Strafprozess ausgewalzt zu wissen, und daher auf einen Strafantrag verzichten. Hinzu kommt, dass eine Auswertung der Kriminalitätsstatistik nach Religionszugehörigkeit nicht möglich ist, da dieses Kriterium nicht erhoben wird.

Bekannt allerdings ist, dass Jehovas Zeugen bereit sind, auf ihr Leben zu verzichten, wenn eine erforderliche medizinische Behandlung gegen die Glaubensdoktrin verstößt. Eine veröffentlichte Statistik zu diesem Sachverhalt existiert ebenfalls nicht, so dass auf Veröffentlichungen der Tagespresse zurückgegriffen wird: Für Deutschland sind Sterbefälle im Zusammenhang mit einer verweigerten Bluttransfusion u.a. für die Jahre 2005,[189] 2006,[190] 2008[191] und 2010[192] dokumentiert. Mitglieder einer Religionsgemeinschaft, die bereit sind, ihr Leben auf das Spiel zu setzen, um die Verhaltensrichtlinien ihrer Führung zu erfüllen, sind wahrscheinlich auch bereit, aus dem gleichen Grund ihren Arbeitsplatz zu riskieren. Die praktische Existenz des dargelegten Deliktrisikos darf daher zu Recht angenommen werden.

> „Whatever happens, the Witnesses' loyalty is first and foremost to an organization that secures their salvation."[193]

---

[189] Vgl. SPIEGEL ONLINE, 2005.
[190] Vgl. Heilbronner Stimme, 2006.
[191] Vgl. Gießener Allgemeine Zeitung, 2008.
[192] Vgl. RTL online, 2010.
[193] Holden, 2002, S. 29.

4.4 Integrationsrisiko

4.4.1 Scientology

Das Risiko von Reibungsverlusten im Leistungserstellungsprozess aufgrund von mangelnder Integration scheint vorprogrammiert. In der für Hubbard typischen Sprache wird deutlich gemacht, inwieweit Andersdenkende akzeptiert werden:

> *„Die gesamte Berechnung dieser aberrierenden Persönlichkeit[194] besteht darin, dass sie wertlos ist;... sie ist ziemlich anfällig für Hässlichkeit. Sehr oft wäscht sich dieser Personentyp nicht, sein Atem ist oft übelriechend, die Füße fangen an zu stinken... In einen routinemäßigen Ablauf gesteckt und hineingezwungen, fahren sie fort, aber sie selbst produzieren nichts; sie sind völlige Schmarotzer."[195]*

Uneinsichtige Kritiker gehören separiert, denn es

> *„könnte sowohl sozial als auch wirtschaftlich Erholung eintreten, wenn die Gesellschaft diesen Persönlichkeitstyp als ein krankes Wesen erkennen und ihn isolieren würde, so wie sie jetzt Leute mit Pocken unter Quarantäne stellt."[196]*

Sofern mehrere Scientologen in einem Betrieb arbeiten, wird möglicherweise deren Integrationswilligkeit durch das scientologische System gegenseitiger Bespitzelung weiter beeinträchtigt. Mangelnde Fortschritte im scientologischen Denken und Handeln kann die Gemeinschaft mit einem Trennungsbefehl (*Separation Order*) ahnden; in diesem Fall wird zwei Scientologen der Kontakt untereinander verboten.[197] Da selbst Ehepartnern in diesem Zusammenhang jeglicher Kontakt miteinander untersagt wird,[198] ist nicht auszuschließen, dass sich eine solche *Separation Order* auch auf Arbeitskollegen und ihr berufliches Umfeld erstrecken könnte. Ein derartiges Spannungsverhältnis dürfte zusätzlich integrationshemmend wirken.

---

[194] Ein Mensch, der kein *Clear* ist.
[195] Hubbard, 2001, S. 19.
[196] Hubbard, 2007 c, S. 182.
[197] Vgl. Scheffler, 2010 b.
[198] Vgl. HCO, 1965 b.

VELLMER sieht in ihrer Dissertation das Risiko sozialer Isolation für scientologische Kinder aufgrund der von Hubbard geprägten „Kunstsprache, die aus einem komplexen System unzähliger Wortneuschöpfungen und Redefinitionen besteht" und die „nach innen zusammen schweißen und nach außen... ausgrenzen" soll.[199] Das gleiche Argument lässt sich auch für ein erhöhtes betriebliches Integrationsrisiko Erwachsener anführen.

4.4.2 Jehovas Zeugen

Integration setzt Interesse an der Person des Gegenübers voraus. Das wiederum bedeutet, ihn nicht als Missionsobjekt zu sehen, sondern Zeit zu investieren, um seine Ansichten und Beweggründe kennenzulernen. Zeugen Jehovas werden vor engem Kontakt mit Andersgläubigen am Arbeitsplatz gewarnt.[200] Von „Feiern und Einladungen zum Essen mit Arbeitskollegen"[201] wird abgeraten:

> „Wir [möchten] gemäß dem Grundsatz ‚Schlechte Gesellschaft verdirbt nützliche Gewohnheiten' keinen engen Umgang mit Personen haben, die nicht nach christlichen Maßstäben[202] leben."[203]

> „Christen [müssen] ihren Sinn schützen, indem sie... sich vor unnötigem Kontakt mit den widerwärtigen Elementen der Welt Satans hüten."[204]

Da die gängigen Feiertage abgelehnt werden,[205] bieten auch sie keine Anlässe zur Pflege der Gemeinschaft.

In ihrer umfangreichen Untersuchung zur Erziehungstheorie der Zeugen Jehovas kommt POHL zu dem Schluss, die Zeugen Jehovas präferieren eine „Strategie der größtmöglichen

---

[199] Vellmer, 2010, S. 194 f.
[200] Vgl. WTGZJ, 2009 e, S. 19.
[201] WTGZJ, 2006 b, S. 23.
[202] *Christliche Maßstäbe* = anderer Begriff für Verhaltensregeln der Zeugen Jehovas.
[203] WTGZJ, 2006 b, S. 30.
[204] WTGZJ, 2003 b, S. 30.
[205] Vgl. S. 33 dieser Studie.

Abschottung gegenüber anderen Wahrheiten" und lassen Glaubensleben und soziales Leben zusammenfallen.[206]

Uneinsichtige Kritiker aus den eigenen Reihen

> *„müssen... natürlich unter Quarantäne gestellt werden. Es wird ihnen die Gemeinschaft entzogen, und wir halten uns von ihnen fern, damit ihre geistige Infektion nicht auf uns übergreift."*[207]

Wenn POHL zu dem Ergebnis kommt, die Anweisungen der Zeugen Jehovas führen zur Nichtintegration des Jugendlichen in die Gesellschaft,[208] so lässt sich aus diesem Ergebnis allein schon deshalb ein erhöhtes betriebliches Integrationsrisiko folgern, weil der Heranwachsende irgendwann zum Arbeitnehmer wird.

4.5 Unterwanderungsrisiko

Die Ziele Scientologys hat Hubbard deutlich benannt:

> *„The vital targets on which we must invest most of our time are:...*
>
> *T2. Taking over the control or allegiance of the heads or proprietors of all news media.*
>
> *T3. Taking over the control or allegiance of key political figures*
>
> *T4. Taking over the control or allegiance of those who monitor international finance and shifting them to a less precarious finance standard."*[209]

Üblicherweise werden zunächst einzelne Schlüsselpositionen mit Scientologen besetzt. Diese knüpfen Netzwerke, sammeln Informationen und stellen weitere Scientologen ein. Nach und nach werden dann scientologische Maßnahmen im Unternehmen eingeführt: Ein rigides Belohnungs- und Bestrafungssystem, in dem auch leitende Angestellte bei

---

[206] Pohl, 2010, S. 358 f.
[207] WTGDZ, 1989 c, S. 19.
[208] Vgl. Pohl, 2010, S. 340.
[209] HCO, 1987, S. 2.

schlechten Erfolgsstatistiken zu Reinigungsarbeiten abkommandiert werden, Wissensberichte, Kontaktverbote bei Verstößen u. v. m.[210]

Auch das gezielte Einschleusen von Personen in den Mitarbeiterstamm zur Ausforschung des Unternehmens oder eventueller Scientology-Kritiker ist belegt.[211]

Allerdings konstatieren FIFKA & SYKORA, dass derzeit von einer großflächigen Unterwanderung der deutschen Wirtschaft nicht ausgegangen werden kann.[212]

Dessen ungeachtet besteht das Risiko nach wie vor und darf nicht unterschätzt werden, wie das Beispiel der Piratenpartei zeigt: Diese ließe sich als junge und noch relativ kleine Partei mit relativ wenig Aufwand unter Kontrolle bringen. Gleichzeitig ist sie interessantes Zielobjekt, sitzt sie inzwischen mit Berlin in einem Landesparlament.[213] Unverhältnismäßig viele Mitgliedsanträge von Scientologen waren die Folge.[214]

Bei den Zeugen Jehovas lassen sich derlei Bestrebungen weder in der Lehre noch in der gelebten Glaubenspraxis feststellen, so dass von einem erhöhten Unterwanderungsrisiko nicht ausgegangen werden kann.

---

[210] Vgl. Ritter-Dausend, 2010, S. 105 ff., ähnlich Fifka & Sykora, 2009, S. 116 f.
[211] Vgl. S. 23 dieser Studie und auch Steiert, 2002, S. 197.
[212] Vgl. Fifka & Sykora, 2009, S. 118.
[213] Vgl. Die Landeswahlleiterin für Berlin, 2011.
[214] Vgl. SPIEGEL ONLINE, 2011.

> **Ideologisch konflikträchtige Gruppen: Auswirkungen auf qualitative Personalrisiken**
>
> Dieses Kapitel machte deutlich, inwieweit die Ideologien von Scientology und Jehovas Zeugen die qualitativen Personalrisiken eines Unternehmens erhöhen können. Eine besondere Risikosituation wird beim Motivationsrisiko, beim Deliktrisiko und beim Integrationsrisiko gesehen. Bei Scientology kommt außerdem noch das Unterwanderungsrisiko hinzu.
>
> Das nächste Kapitel erarbeitet verschiedene Ansätze der Risikoprävention. Dabei kann einerseits direkt bei den Risiken angesetzt werden. Eine andere Möglichkeit besteht in der indirekten Risikoprävention. Diese versucht, die Risikotreiber zu beeinflussen.

Soziale Manipulation in konflikträchtiger Gruppe —verstärkt→ **Ideologie des „Auserwähltseins"** —erhöht→ **Qualitative Personalrisiken**

Abbildung 5: Risikotreiber ideologisch bedingter qualitativer Personalrisiken
Quelle: Eigene Darstellung

5 Ansätze zur Prävention

*Nehmen Sie die Menschen,
wie sie sind,
andere gibt's nicht.*
(Konrad Adenauer)

Ansätze zum Umgang mit den oben geschilderten Risiken müssen gesetzeskonform sei. Sind die Risiken aus gesetzlichen Gründen nicht zu vermeiden, sollten sie durch geeignete Strategien zumindest reduziert werden. Nachfolgend werden die wichtigsten gesetzlichen Regelungen in der Bundesrepublik Deutschland sowie grundlegende Gedanken zum Diversity Management und zur sozialen Integration erörtert.

5.1 Die juristische Sichtweise

Im Hinblick auf die Zielstellung der vorliegenden Studie ist zunächst an verfassungsrechtliche Schutzvorschriften des Grundgesetzes zu denken. Unter anderem im Bereich der Religion und Weltanschauung haben diese auch für zivilrechtliche Verträge eine Konkretisierung im Allgemeinen Gleichbehandlungsgesetz erfahren.

5.1.1 Das Grundgesetz

Wenngleich Art. 1 (3) GG lediglich die staatliche Gewalt an die Einhaltung der Grundrechte bindet, so wirken diese durchaus indirekt normativ auf die Privatrechtsordnung ein:[215] Der mittelbaren Drittwirkungslehre zufolge kann der freiheitliche Wertekanon des Grundgesetzes nicht aus den Beziehungen der Bürger untereinander ferngehalten werden. Spätestens, wenn der Staat – z. B. durch die rechtsprechende Gewalt im Rahmen eines Zivilprozesses – ordnend in einen bürgerlichen Vertrag eingreift, hat er die Grundrechtsordnung zu berücksichtigen.[216] Diese Konzeption wird in jüngster Zeit ergänzt durch die Schutzpflichtenlehre. Danach hat der Staat die Aufgabe, jeden Einzelnen vor einem Übergriff anderer in den geschützten Bereich seiner Freiheitsrechte zu bewahren und ggf. einzuschreiten.[217] Da sich somit das GG zumindest mittelbar auf das Arbeitsverhältnis auswirkt, werden die sachlich zugehörigen Artikel kurz beleuchtet.

---

[215] Vgl. Höfling, in Sachs (Hrsg.), 2011, Art. 1, Rn. 111.
[216] Vgl. Giesen, 2002, S. 238 f.
[217] Vgl. Breuer, 2010, § 170 Rn. 98.

Art. 3 (3) GG verbietet die Diskriminierung aus religiösen Gründen:

„Niemand darf wegen... seines Glaubens, seiner religiösen oder politischen Anschauungen benachteiligt oder bevorzugt werden..."

Das Verhältnis zum Art. 4 (1) ist kaum geklärt;[218] sie werden in Verbindung miteinander angewandt:[219]

„Die Freiheit des Glaubens, des Gewissens und die Freiheit des religiösen und weltanschaulichen Bekenntnisses sind unverletzlich."

Beiden gemeinsam ist die Tatsache, dass sie vorbehaltlos gelten. Das unterscheidet sie von vielen anderen Grundrechten, die durch ein Gesetz näher geregelt oder beschränkt werden können. Es unterscheidet sie aber auch von Grundrechten, die – wie z.B. das Recht auf freie Entfaltung der Persönlichkeit in Art. 2 (1) – bereits in ihrer Ausgestaltung bestimmten Schranken unterliegen.[220] Daraus eine unbeschränkte Geltung zu schließen, wäre indessen verfehlt. Offen ist die Frage, inwieweit Art. 136 (1) WRV[221] der Glaubensfreiheit eine Schranke auferlegt:

„Die bürgerlichen und staatsbürgerlichen Rechte und Pflichten werden durch die Ausübung der Religionsfreiheit weder bedingt noch beschränkt."

Während das Bundesverwaltungsgericht hierin einen Vorrang der staatsbürgerlichen Pflichten vor der Religionsausübung erblickt, lehnt das Bundesverfassungsgericht diese Interpretation ab.[222] Spätestens allerdings dann, wenn die hier erwähnten Grundrechte mit anderen verfassungsmäßig garantierten Grundrechten (z. B. der Eigentumsgarantie eines Firmeninhabers aus Art. 14) kollidieren, muss ein Ausgleich gesucht werden.[223]

---

[218] Vgl. Osterloh, in Sachs (Hrsg.), 2011, Art. 3, Rn. 301.
[219] Vgl. Kokott, in Sachs (Hrsg.), 2011, Art. 4, Rn. 147.
[220] Art. 2 (1) GG: „Jeder hat das Recht auf die freie Entfaltung seiner Persönlichkeit, **soweit er nicht** die Rechte anderer verletzt und nicht gegen die verfassungsmäßige Ordnung oder das Sittengesetz verstößt." (Hervorhebung d. Verf.).
[221] Art. 136 WRV ist durch Art. 140 GG Bestandteil des deutschen Grundgesetzes.
[222] Vgl. Kokott, in Sachs (Hrsg.), 2011, Art. 4, Rn. 129 ff.
[223] Vgl. Bergmann, in Hömig (Hrsg.), 2010, Art. 4, Rn. 14.

Auch rechtfertigt die Glaubensfreiheit grundsätzlich nicht die aktive Beeinträchtigung der Rechtsgüter Dritter oder das Begehen von Straftaten.[224]

Die Gewissenfreiheit beinhaltet das Recht, nicht zu einer Handlung gegen sein eigenes Gewissen gezwungen werden zu können.[225] Die Ernsthaftigkeit einer solchen Gewissensentscheidung ist u. a. daran zu erkennen, dass derjenige, der sich auf sein Gewissen beruft, dafür bereit ist, Nachteile in Kauf nehmen. Für den Bereich des Arbeitsrechts bedeutet das, dass ihm unter Umständen eine Beendigung des Arbeitsverhältnisses zugemutet werden kann.[226]

Bei Fällen vorhersehbarer Gewissenskonflikte aus freiwillig eingegangenen Verpflichtungen scheidet die Berufung auf das Gewissen von vornherein aus.[227] Damit kann sich z. B. der Angehörige der Jehovas Zeugen, der eine Beschäftigung bei einer Krankenkasse aufnimmt, später bei einem evtl. Bruch seiner Schweigeverpflichtung nicht mit Gewissenszwängen rechtfertigen.

Das gilt auch für denjenigen, der erst während des Arbeitsverhältnisses zu einer ideologisch konflikträchtigen Gruppe konvertiert: „Die Berufung auf das Gewissen hat generell nicht die Kraft, von der Befolgung eingegangener... Verpflichtungen zu entbinden."[228]

Grundsätzlich darf niemand gezwungen werden, seine religiöse Überzeugung zu offenbaren.[229] Wird hingegen eine Freistellung von bürgerlichen Pflichten mit dem Verweis auf eine religiöse Überzeugung beantragt, so ist es Aufgabe des Antragstellers, dieses nachvollziehbar zu begründen. Im Regelfall wird damit eine Offenlegung des Bekenntnisses verbunden sein. Im Arbeitsrecht gilt dieses sinngemäß.[230]

---

[224] So übereinstimmend Kokott, in Sachs (Hrsg.), 2011, Art. 4, Rn. 72, Bergmann, in Hömig (Hrsg.), 2010, Art. 14, Rn. 10 und Ehlers, in Sachs (Hrsg.), 2011, Art. 136 WRV, Rn. 4 f.
[225] Vgl. Bergmann, in Hömig (Hrsg.), 2010, Art. 4, Rn. 9.
[226] Vgl. Kokott, in Sachs (Hrsg.), 2011, Art. 4, Rn 100.
[227] Vgl. Bergmann, in Hömig (Hrsg.), 2010, Art. 4, Rn. 16.
[228] Bergmann, in Hömig (Hrsg.), 2010, Art. 4, Rn. 15.
[229] Vgl. Art. 136 (3) WRV i. V. m. Art. 140 GG.
[230] Vgl. Ehlers in Sachs (Hrsg.), 2011, Art 136 WRV, Rn. 7.

Für den Fall der Scientology-Gruppierung im Speziellen ist bis heute strittig, ob es sich hierbei überhaupt um eine durch das GG geschützte Religion oder Weltanschauung handelt oder ob der religiöse Bezug nur als Vorwand für eine wirtschaftliche Betätigung dient.[231]

5.1.2 Das Allgemeine Gleichbehandlungsgesetz

> *„Ziel des Gesetzes ist, Benachteiligungen aus Gründen... der Religion oder Weltanschauung... zu verhindern oder zu beseitigen."[232]*

Abbildung 6: Die Diskriminierungsverbote des AGG
Quelle: § 1 AGG

Arbeitnehmer werden durch das Allgemeine Gleichbehandlungsgesetz ausdrücklich vor einer solchen Benachteiligung geschützt.[233] Diese Regelung schließt Einstellungs- und Auswahlkriterien, Arbeitsbedingungen und Kriterien für den beruflichen Aufstieg ein.[234]

SCHLEUSENER[235] und STEIN[236] versagen dem Scientology-Konzept die Eigenschaft einer Religion bzw. Weltanschauung ohne Weiteres. ADOMEIT & MOHR schließen sich dieser auch vom Bundesarbeitsgericht getragenen Auffassung zwar ebenfalls an, weisen allerdings darauf hin, dass der Europäische Gerichtshof für Menschenrechte (EGMR) es zumindest nicht ausschließt, Scientology die Religionseigenschaft zuzuerkennen. Außerdem erscheine es nach ihrer Sicht fraglich, ob sich der Gerichtshof der Europäischen Gemeinschaften (EuGH) die deutsche Rechtsauffassung zu eigen machen würde.[237]

---

[231] Vgl. Kokott, in Sachs (Hrsg.), 2011, Art. 4, Rn. 20 f.
[232] § 1 AGG.
[233] Vgl. § 7 AGG i. V. m. § 6 AGG.
[234] Vgl. § 2 (1) Nr. 1, 2 AGG.
[235] Vgl. Schleusener, in Schleusener, Suckow & Voigt (Hrsg.), 2011, § 1, Rn. 52.
[236] Vgl. Stein, in Rust & Falke (Hrsg.), 2007, § 1, Rn 67.
[237] Vgl. Adomeit & Mohr, 2011, § 1, Rn. 94 f.

Damit ist es – derzeit zumindest – in Deutschland rechtlich zulässig, im Rahmen eines Einstellungsgespräches von Mitarbeitern mit Zugang zu sensiblen Unternehmensdaten oder in anderweitigen Vertrauensstellungen nach der Mitgliedschaft in Scientology zu fragen. Noch besser ist die umfassendere Frage nach der Anwendung der Lehren von L. Ron Hubbard. Antwortet der Kandidat bewusst falsch, würde das zu einer Anfechtung des Arbeitsvertrages wegen arglistiger Täuschung berechtigen.[238] Allerdings ist das unwahrscheinlich: Insbesondere bei der zweiten Frage scheint nach scientologischem Ehrenkodex eine Pflicht zur wahrheitsgemäßen Auskunft zu bestehen.[239] Die allgemeine Frage nach der Religionszugehörigkeit hingegen ist für einen Arbeitgeber nicht statthaft.[240] Gleiches gilt für Fragen, die indirekt auf die Religionszugehörigkeit zielen, wie z.B. „Feiern Sie Geburtstag?".[241]

Gleichwohl eröffnet das AGG auch im Arbeitsverhältnis die Möglichkeit einer unterschiedlichen Behandlung aufgrund von Religion oder Weltanschauung, sofern es sich bei dieser um eine wesentliche und entscheidende berufliche Anforderung handelt.[242] In der Literatur wird als Beispiel der Flugkapitän angeführt, dem als Landevoraussetzung der Zutritt nach Mekka nur gewährt wird, wenn er Moslem ist. Ähnliches gilt für den Koch eines jüdischen Restaurants, der Essen nur dann koscher zubereiten kann, wenn er jüdischen Glaubens ist.[243] Möglichkeiten zur unterschiedlichen Behandlung mit dem Ziel der Reduzierung qualitativer Personalrisiken bestehen in der Regelung des § 8 (1) AGG hingegen weder nach dem Wortlaut des Gesetzes noch nach der bisherigen Rechtsauffassung.

Auch § 20 (1) Nr. 1 AGG, der eine unterschiedliche Behandlung aus religiösen Gründen zur Gefahrenabwehr und Schadensverhütung für zivilrechtliche Massengeschäfte gestattet, ist für den Bereich des Arbeitsrechts nicht anwendbar. Dieses ist letztlich konse-

---

[238] Vgl. Boden, 2005, S. 474.
[239] Berger-Delhey, 1999, S. 116.
[240] Vgl. Adomeit & Mohr, 2011, § 2, Rn. 59.
[241] In sinngemäßer Anwendung von Preis, in Müller-Glöge, Preis & Schmidt (Hrsg.), § 611 BGB, Rn. 275, der die indirekte Frage in Bezug auf Geschlecht und sexuelle Identität als unzulässig deklariert.
[242] Vgl. § 8 (1) AGG.
[243] Übereinstimmend Falke, in Rust & Falke (Hrsg.), 2007, § 8, Rn. 26 und Adomeit & Mohr, 2011, § 8, Rn. 64.

quent, denn der Diskriminierungsschutz des AGG ist „darauf angelegt …, vorurteilsbedingte Benachteiligungen bestimmter Arbeitnehmergruppen zu verhindern".[244]

5.1.3 Kritische Würdigung der rechtlichen Situation

Arbeitsvertragliche Verpflichtungen des Arbeitnehmers werden nicht unter Hinweis auf die Freiheit der Religionsausübung oder des Gewissens hinfällig. Auch wenn die Religionsfreiheit ein hohes Rechtsgut ist, so berechtigt sie nicht zur Minderleistung, zum Vertrauensbruch oder gar zu Straftaten. Sofern der Arbeitnehmer seinen Haupt- oder Nebenpflichten aus dem Arbeitsvertrag nicht nachkommt, kann eine verhaltensbedingte Kündigung, im Regelfall nach vorheriger Abmahnung, ausgesprochen werden.[245]

Als Ex-post-Maßnahme kommt diese erst nach der Schädigung des Arbeitgebers durch den Arbeitnehmer in Betracht. Zwar liegt in der (expliziten oder latenten) Androhung dieser Konsequenz für den Fall des Verstoßes gegen arbeitsvertragliche Verpflichtungen eine gewisse Abschreckungswirkung, als Präventionsmaßnahme vermag sie hingegen nicht vollumfänglich zu überzeugen.

---

[244] Schleusener, in Schleusener, Suckow & Voigt (Hrsg.), 2011, § 8, Rn. 16.
[245] Vgl. Lieb & Jacobs, 2006, § 4, Rn. 358 ff.

> **praktische Maßnahmen zur Risikoreduzierung aus juristischer Perspektive:**
>
> Bewerber in Vertrauensstellungen sollten im Vorstellungsgespräch gefragt werden, ob sie die Lehren von L. Ron Hubbard anwenden. Bejaht ein Kandidat diese Frage, sollte aus Risikoerwägungen heraus auf eine Einstellung verzichtet werden.
>
> Eine darüber hinausgehende Risikoprävention über eine Positiv- (oder Negativ-) -Liste von Religionen und Weltanschauungen verbietet sich unabhängig von der persönlichen Toleranzbereitschaft des Arbeitgebers bereits aus gesetzlichen Gründen.
>
> Verstöße gegen arbeitsvertragliche Verpflichtungen sind entsprechend zu sanktionieren.

Juristische Perspektive — begrenzte Möglichkeiten → **Risiko nicht zulassen oder eliminieren** — verringert direkt → **Qualitative Personalrisiken**

Abbildung 7: Der Aspekt der juristischen Präventionsmöglichkeiten
Quelle: Eigene Darstellung

Es wird sich kaum vermeiden lassen, Mitarbeiter aus ideologisch konfliktträchtigen Gruppen einzustellen.

Würden diese dann im Betrieb sozial isoliert, bestärkte sie das in der Überzeugung ihrer exklusiven Wahrheit.[246] Damit einher ginge eine Erhöhung der dargestellten Risiken, denn diese sind eine Folge ihrer Exklusivitäts-Ideologie.

Das nächste Kapitel erläutert daher, inwiefern Aspekte eines personalstrategischen Diversity Managements bei der Risikoprävention Beachtung finden sollten.

---

[246] Vgl. Deckert, 2007, S. 186 f., ähnlich auch Pohl, 2010, S. 414 f.

5.2 Die personalstrategische Sichtweise

Eine Unternehmens- und Personalpolitik der Vielfalt gewinnt insbesondere vor dem Hintergrund zunehmender Globalisierung und einer postmaterialistischen Werteordnung, die von Liberalität und Individualität geprägt ist, an Bedeutung.[247] Darüber hinaus hilft sie, die Isolation einzelner Gruppen aufgrund ihrer Überzeugung zu verhindern. Im Folgenden wird dargestellt, wie Diversity zum Erfolg eines Unternehmens beitragen kann und welche Ziele mit dem Management von Diversity verbunden sind. Eine kritische Betrachtung der Grenzen dieses Ansatzes rundet die Betrachtung ab.

5.2.1 Erfolgsfaktor Diversity

Diversity bezeichnet im Personalmanagement die „soziale und kulturelle Vielfalt"[248] der Mitarbeiter. Diese kann den Unternehmenswert über die aus der Abbildung 8 ersichtlichen Treiber nachhaltig steigern.

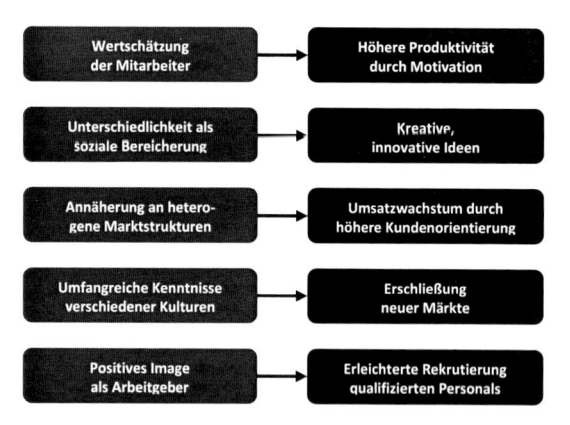

Wertschätzung der Mitarbeiter	→	Höhere Produktivität durch Motivation
Unterschiedlichkeit als soziale Bereicherung	→	Kreative, innovative Ideen
Annäherung an heterogene Marktstrukturen	→	Umsatzwachstum durch höhere Kundenorientierung
Umfangreiche Kenntnisse verschiedener Kulturen	→	Erschließung neuer Märkte
Positives Image als Arbeitgeber	→	Erleichterte Rekrutierung qualifizierten Personals

Abbildung 8: Positive Auswirkungen von Diversity auf den Unternehmenswert
Quelle: Eigene Darstellung in inhaltlicher Anlehnung an Deutsche Gesellschaft für Personalführung e.V., zitiert nach Benser, 2008, S. 33 f.

---

[247] Vgl. Becker & Seidel, 2006, S. V.
[248] Fuchs, 2007, S. 17.

Auch der ressourcenorientierte Ansatz der strategischen Unternehmensführung unterstützt diese Sichtweise. Nachhaltige Wettbewerbsvorteile ergeben sich bei seiner Anwendung aus einer einzigartigen und schwer durch Wettbewerber zu imitierenden Gestaltung und Kombination bestimmter Produktionsressourcen.

Eine entsprechend eingespielte Vielfalt der Mitarbeiter, in der jeder die Stärken des Anderen schätzt, stellt eine solche Ressource dar, weil die Besonderheit der Belegschaft nicht über Märkte zu erwerben ist. Sie muss langfristig aufgebaut werden.[249]

5.2.2 Ziele des Diversity Managements

Auch wenn BECKER in diesem Zusammenhang von der „Schlüsselressource Diversity"[250] spricht, so folgen aus dem puren Vorhandensein von Unterschieden nicht automatisch positive Konsequenzen.[251] Empirische Untersuchungen zeigen, dass sich Diversity in einigen Fällen innovationstreibend auswirkt, in anderen Fällen neue Kommunikationsprobleme schafft, Entscheidungen negativ beeinflusst und zu Misstrauen führt. Damit Diversität den Unternehmenswert steigert, muss sie strategisch zielgerichtet eingesetzt, also gemanagt werden.[252] STUBER nennt in diesem Zusammenhang vier Handlungsfelder des Diversity Managements (siehe Abbildung 9):

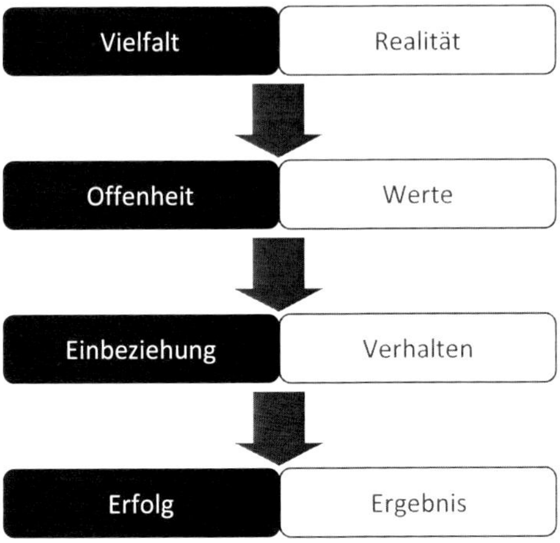

Zunächst muss Vielfalt erkannt werden, bevor sie sich strukturieren

Abbildung 9: Handlungsfelder des Diversity Managements
Quelle: Stuber, 2009, S. 15.

---

[249] Vgl. Becker, 2006, S. 210 ff.
[250] Becker, 2006, S. 16.
[251] Vgl. Fuchs, 2007, S. 18.
[252] Vgl. Pitts et al., 2010, S. 868. Eine umfangreiche Betrachtung möglicher Nachteile enthält auch Adler & Gundersen, 2008, S. 101 ff.

lässt. Viele betriebliche Ansätze gehen dabei von den sechs Kerndimensionen des AGG aus, zu denen – wie bereits ausgeführt – auch die religiöse oder weltanschauliche Überzeugung zählt. VAN EWIJK stellt in ihrer Betrachtung den kollektiven Ansatz dem individuellen Ansatz gegenüber. Beim kollektiven Ansatz werden Mitarbeiter, die spezifische Charakteristika teilen, zu einer Gruppe zusammengefasst. Dafür spricht, dass derartige Gruppen faktisch existieren und ethische Werte einer solchen Gruppe diejenigen des Individuums bestimmen.[253] STUBER hält dem entgegen, dass eine derartige Komplexitätsreduktion rasch zur Festigung alter Vorurteile führt und trennt, statt zu verbinden. Wichtig sei es, den Anderen in seiner vollumfänglichen Individualität wahrzunehmen.[254] Insbesondere wenn es darum geht, ideologisch bedingte Abgrenzungen konfliktträchtiger Gruppierungen aufzuweichen, scheint STUBERS Ansatz der erfolgversprechendere zu sein. Dessen ungeachtet ist die Grundphilosophie beider Ansätze gleich: Trennenden Faktoren auf der einen Seite werden verbindende, gemeinsame Faktoren auf der anderen Seite gegenübergestellt.[255]

Eine offene und aufgeschlossene Grundeinstellung zu unterschiedlichen Sichtweisen herzustellen ist das zweite Handlungsfeld. Dabei steht nicht die passiv duldende Toleranz im Vordergrund,[256] sondern die Weiterentwicklung eigener Sichtweisen. Voraussetzung dafür ist ein wertschätzender Umgang mit der Unterschiedlichkeit des Anderen.[257]

Diese Wertschätzung äußert sich im Verhalten. Das sollte sowohl auf Ebene der Organisation als auch auf Ebene der einzelnen Individuen erfolgen. Auf Ebene der Organisation sind hier z.B. Unternehmensleitsätze zu nennen, die den Gedanken der Diversity transportieren. Auf Ebene des Einzelnen geht es z.B. um die Anwendung interkultureller Kompetenz im Arbeitsalltag.[258] Eine besondere Bedeutung hat dabei die Führungskraft. Ihr kommt nicht nur eine Vorbildfunktion zu; darüber hinaus muss sie darauf achten, dass das diversifizierte Team sich nicht auf den kleinsten gemeinsamen Nenner einigt.

---

[253] Vgl. van Ewijk, 2011, S. 687 f.
[254] Vgl. Stuber, 2009, S. 18 ff.
[255] Vgl. Stuber, 2009, S. 22.
[256] Wie sie z.B. Maturana, 2008, S. 46 ff. beschreibt.
[257] Vgl. Stuber, 2009, S. 24 f.
[258] Vgl. Stuber, 2009, S. 25 f.

Daher ist es ihre Aufgabe, ein Umfeld zu schaffen, das auf die Stärken der Einzelnen fokussiert und so das gesamte Team zu Spitzenleistungen anspornt.[259] Ein Unternehmen, das seine Mitarbeiter wertschätzt und dieses konsequent in seinem Verhalten zeigt, erhöht deren Loyalität[260] und reduziert dadurch qualitative Personalrisiken.

Wenn es gelingt, Diversity gezielt zur Organisationsentwicklung und -steuerung zu etablieren, sind „nachhaltig optimale Ergebnisse für alle Beteiligten (Stakeholder und Unternehmen)"[261] damit verbunden. Regeln für den Umgang mit der dadurch entstehenden Komplexität sind einer Komplexitätsreduktion im Regelfall vorzuziehen.[262] Wichtig ist es dabei, keine Insellösungen zu produzieren, sondern Diversity als Rahmen aller Ansätze, die auf Vielfalt und Individualität zielen, zu nutzen.[263]

5.2.3 Grenzen von Diversity

Die konsequente Umsetzung von Diversity setzt ein bestimmtes Menschenbild voraus. SONNENSCHEIN nennt Eigenschaften für Führungskräfte; bei genauerem Hinsehen lassen sich diese Anforderungen auf alle Mitarbeiter übertragen:

„
- *Respect* — *for others, for differences, for ourselves.*
- *Tolerance* — *for ambiguities in language, style, behavior.*
- *Flexibility* — *in situations that are new, difficult or challenging.*
- *Self-Awareness* — *to be sure you understand your reactions and know what you bring to the diverse workplace.*
- *Empathy* — *to feel what someone who is different from you might be feeling in new or strange surroundings.*
- *Patience* — *for change that can be slow, and diversity situations that might be difficult.*

---

[259] Vgl. Russo, 2012, S. 137 f., ähnlich Bolten, 2011, S. 31.
[260] Vgl. Stuber, 2009, S. 77.
[261] Stuber, 2009, S. 27, Hervorhebung d. Verf.
[262] Vgl. Koall, 2011, S. 572 f.
[263] Vgl. Stuber, 2009, S. 27 f.

- *Humor* — *because when we lose our sense of humor, we lose our sense of humanity, as well as our perspectives."*[264]

Ideologische Gründe mögen Mitarbeiter daran hindern, die notwendige Toleranz, das Einfühlungsvermögen und den Respekt mitzubringen. Umso wichtiger ist Diversity Management. Wenngleich sich nicht jeder Dogmatiker überzeugen lassen wird, so vorverurteilt es nicht aufgrund der Gruppenzugehörigkeit, sondern räumt jedem Individuum Chancen ein. Außerdem stärkt es die pluralistisch gesinnten Kräfte im Unternehmen.[265]

Sofern bestimmte Einstellungen oder Verhaltensweisen einen negativen Einfluss auf die Unternehmensziele nehmen, wird steuernd und korrigierend eingegriffen.[266] Aufgrund des integrativen Ansatzes des Diversity-Gedankens bieten sich für eine solche Intervention team- und prozessorientierte Instrumente der Organisationsentwicklung an.[267]

---

[264] Sonnenschein, 1999, S. 8.
[265] Benz & Widmann, 2007, S. 47.
[266] Vgl. Becker, 2006, S. 209.
[267] Die genaue Beschreibung solcher Instrumente und Hinweise zu ihrer Anwendung findet der interessierte Leser u.a. bei French & Bell jr., 1994, S. 142 ff, 171 ff. und bei Schiersmann & Thiel, 2011, S. 223 ff.

> **praktische Maßnahmen zur Risikoreduzierung aus personalstrategischer Perspektive:**
>
> Das Unternehmen sollte ein umfassendes Diversity-Management einführen und erwünschte sowie unerwünschte Verhaltensweisen klar definieren.
>
> Eine Diskriminierung wegen der religiösen Überzeugung eines anderen kann dabei ebenso wenig akzeptiert werden wie eine Diskriminierung Dritter im Namen der eigenen Weltanschauung. So kann Diversity Management dämpfend auf Ideologien einwirken.
>
> Vor allem sollte die integrativ wirkende Bestrebung deutlich werden, die Menschen im Unternehmen von der Sinnhaftigkeit eines wertschätzenden Umgangs mit der Vielfalt zu überzeugen und Isolation gar nicht erst entstehen zu lassen.
>
> Beide Ansätze des Diversity-Gedankens tragen maßgeblich zur Reduzierung qualitativer Personalrisiken bei.

Personalstrategische Perspektive — wertschätzt Vielfalt → **Diversity Management** — wirkt dämpfend → **Ideologie des „Auserwähltseins"**

Abbildung 10: Der Aspekt der personalstrategischen Präventionsmöglichkeiten
Quelle: Eigene Darstellung

Im nächsten Kapitel wird erörtert, welche Instrumente das Unternehmen aus soziologischer Sicht nutzen kann, um den integrativen Ansatz des Diversity-Managements weiter zu vertiefen.

5.3 Die soziologische Sichtweise

5.3.1 Erfolgsfaktor Integration

Qualitative Personalrisiken sind dann als niedrig einzuschätzen, wenn sich die Mitarbeiter in hohem Maße mit den Werten und Zielen des Unternehmens und der dort relevanten Personengruppen[268] identifizieren[269] und dementsprechend sozial interagieren.[270] PETERS beschreibt diesen Sachverhalt aus soziologischer Sicht, wenn er normative solidarische Verbundenheit bei gleichzeitiger absichtsvoller Interaktion in zwischenmenschlichen Beziehungen als soziale Integration definiert.[271]

Mitarbeiter aus ideologisch konfliktträchtigen Gruppierungen haben eine hohe Motivation, im Zweifel den Regeln ihrer Gruppe zu folgen, auch wenn das gegen die Interessen des Arbeitgebers ist. Jedoch gibt es keinen Automatismus, der aus einem erhöhten Risiko automatisch die entsprechende schädigende Handlung folgen lässt. Hier ist klar zwischen dem Gläubigen und seiner Glaubensgemeinschaft zu unterscheiden.[272] Da sich das Unternehmen, wie in Kapitel 5.1 ausgeführt, nicht bzw. kaum davor schützen kann, Menschen aus solchen Gruppierungen einzustellen, bleibt die Frage, wie der Arbeitgeber aus Risikosicht damit umgehen sollte. Eine bewusste gelebte soziale Integration kann die Chance erhöhen, dass sich das einzelne Individuum im konkreten Konfliktfall für die Interessen des Unternehmens entscheidet.

Anders gesagt: Je sozial integrierter ein Mitarbeiter in seinem betrieblichen Umfeld ist, desto geringer sind die qualitativen Personalrisiken.

PETERS unterscheidet drei Dimensionen sozialer Integration,[273] die im Folgenden erläutert und in den unternehmerischen Kontext transformiert werden.

---

[268] Im Sinne des Stakeholder-Ansatzes.
[269] Vgl. Wunderer, 2009, S. 106 ff.
[270] Vgl. Ulich, 2011, S. 205 ff.
[271] Vgl. Peters, 1993, S. 41.
[272] Vgl. dazu auch Pohl, 2010, S. 15.
[273] Vgl. Peters, 1993, S. 96 ff.

5.3.2 Funktionale Koordination unterstützen

Koordination meint die Abstimmung verschiedener Aktivitäten, sodass das Gesamtergebnis als positiv empfunden wird.[274] In einem Unternehmen ist die Koordination der arbeitsteilig organisierten Leistungserbringung zentraler Bestandteil der Managementaufgabe: Die Unternehmensprozesse sollen sich störungsfrei vollziehen.[275]

Die entsprechende Gestaltung der Arbeitsprozesse ist die Aufgabe der Ablauforganisation. Es gilt, Abläufe eindeutig zu definieren[276] und transparent zu kommunizieren.[277] Die Identifikation der Mitarbeiter mit diesen Prozessen ist umso höher, je mehr sie mitgestalten konnten.[278] Bei zunehmender Globalisierung und immer stärker werdendem Wettbewerbsdruck gewinnen selbstständig denkende und handelnde Mitarbeiter immer mehr an Bedeutung.[279]

Koordination im Sinne sozialer Integration umfasst aber deutlich mehr, so z. B. „Kooperation für soziale Ziele, kooperativen Wissenserwerb,… die Organisation von Gesprächen… – eben alle Arten der Abstimmung verschiedener Aktivitäten unter dem Aspekt ihres Gelingens."[280] Im Unternehmen kann ein starkes soziales Netzwerk zur Koordination beitragen, den Integrationsprozess fördern[281] und so das „social capital" erhöhen.[282]

---

[274] Vgl. Peters, 1993, S. 96
[275] Vgl. Witte, 2007, S. 45, ähnlich Mintzberg, 2010, S. 233
[276] Vgl. Schlick, Luczak & Bruder, 2010, S. 455 ff.
[277] Vgl. Ulich, 2011, S. 329
[278] Vgl. Doppler & Lauterburg, 2008, S. 105
[279] Vgl. Wunderer, 2009, S. 50
[280] Peters, 1993, S. 96
[281] Vgl. Klimecki & Gmür, 2005, S. 338
[282] Vgl. Clopton, 2011, S. 370 f.

Wenngleich aktuelle Untersuchungen über Erfolgsfaktoren in Teams nahelegen, dass kooperative Ziele dem Wettbewerb innerhalb der Gruppe vorzuziehen sind,[283] so kann aus sozialtheoretischer Sicht auch Konkurrenz als eine koordinierte Aktivität und somit als sozial integrierend betrachtet werden.[284]

WUNDERER empfiehlt als Führungskonzept eine Kombination aus Kooperation und Wettbewerb („co-opetition")[285] und lehnt sich damit an den erstmals von NALEBUFF & BRANDENBURGER geprägten Begriff für kooperierende Konkurrenz[286] an.

5.3.3 Moralische Integrität steuern

Bereits der gemeinsame Wortstamm macht deutlich: Integration und integeres Verhalten gegenüber der Gemeinschaft und den einzelnen Mitgliedern gehören untrennbar zusammen. Handlungskonflikte werden „unter unparteilicher Berücksichtigung der Ansprüche und des Wohls aller gelöst"; die Mitglieder betrachten sich als moralisch gleichwertig und behandeln sich dementsprechend mit Wertschätzung.[287] Dazu gehört, die Weltsicht des anderen grundsätzlich als genauso legitim wie die eigene anzuerkennen.[288]

Die Integrität einer Gemeinschaft ist dann gefährdet, wenn Konflikte verdrängt oder Prozesse der Konfliktlösung blockiert werden.[289] Da Konflikte oftmals weitergehender sind als von den Beteiligten eingestanden, ist es für die Führungskraft wichtig, „eine

---

[283] Vgl. Wong, Tjosvold, & Liu, 2009, S. 238 ff.
[284] Vgl. Peters, 1993, S. 96, anders allerdings Stürmer, 2008, S. 284 f., der für den Abbau beiderseitiger Vorurteile kooperative Arbeitsbedingungen bevorzugt.
[285] Vgl. Wunderer, 2009, S. 69 ff.
[286] Vgl. Nalebuff & Brandenburger, 1996.
[287] Peters, 1993, S. 100 f.
[288] Die Ähnlichkeit zum Diversity-Ansatz ist nicht zufällig; Diversity Management und soziale Integration verstärken sich wechselseitig.
[289] Vgl. Peters, 1993, S. 101.

Atmosphäre größter Toleranz und gegenseitiger Akzeptanz herzustellen".[290] Bestehendes Konfliktpotenzial – auch hinsichtlich latenter Gewissenskonflikte – sollte mit dem gebotenen Respekt angesprochen werden.

Eine integere Gesellschaft ist bestrebt, ihre Mitglieder vor Verletzungen körperlicher und seelischer Natur zu bewahren. Neben der Beachtung des Arbeitsschutzes sind im betrieblichen Umfeld insbesondere Mobbingprävention[291] und gesundheitsförderliche Führung zu nennen: Klarheit und Transparenz in der Führung, ein partnerschaftlicher und wertschätzender Führungsstil und die Berücksichtigung des Leistungsniveaus der Mitarbeiter sind für beide Aspekte die Schlüsselfaktoren.[292] Respektvolles Verhalten gegenüber anderen ist in einer integeren Gesellschaft eine Selbstverständlichkeit. Dazu gehört auch, abwertende Begriffe – wie z.B. „Sekte" – zu vermeiden.[293]

Eine moralische Ordnung hilft beim Schutz der Mitglieder der Gemeinschaft vor „inneren und symbolischen Verletzungen".[294] Im Unternehmensalltag ist hier zuallererst die Anerkennung der „Zehn Prinzipien" des *UN Global Compact* zu nennen, die allgemein anerkannte, kulturübergreifende moralische Grundwerte auf dem Gebiet der Menschenrechte, der Arbeitsnormen, der Korruptionsbekämpfung und des Umweltschutzes enthalten.[295] Sie bilden gleichzeitig die Grundlage für den strategischen Umgang der Unternehmen mit ihrer sozialen Verantwortung, fließen also in Corporate-Social-Responsibility-Policies ein.

---

[290] Schwarz, 2010, S. 77 f.
[291] Zu den seelischen Folgen von Mobbing vgl. Kolodej, 2005, S. 109 ff.
[292] Zur Mobbingprävention vergleiche Kolodej, 2005, S. 150 ff., zur gesundheitsorientierten Führung siehe Drebing, 2011, S. 12 ff.
[293] Der Respekt leidet in der Praxis oftmals, wenn vermeintlich universelle Menschenrechte betroffen sind. LIKAFU (2011, S. 188 ff.) macht das am Beispiel des Kampfes europäischer Aktivisten gegen die in weiten Teilen Afrikas verbreitete weibliche Beschneidung deutlich: Sobald in diesem Zusammenhang das Wort „Verstümmelung" fällt, fühlen sich die Opfer stigmatisiert und verweigern den Dialog.
[294] Habermas, 2001, S. 62 f.
[295] Vgl. United Nations Global Compact Office, o. J.

> **I. Menschenrechte**
> - Prinzip 1: Unterstützung und Respektierung der internationalen Menschenrechte im eigenen Einflussbereich
> - Prinzip 2: Sicherstellung, dass sich das eigene Unternehmen nicht an Menschenrechtsverletzungen beteiligt
>
> **II. Arbeitsnormen**
> - Prinzip 3: Wahrung der Vereinigungsfreiheit und wirksame Anerkennung des Rechts zu Kollektivverhandlungen
> - Prinzip 4: Abschaffung jeder Art von Zwangsarbeit
> - Prinzip 5: Abschaffung der Kinderarbeit
> - Prinzip 6: Beseitigung der Diskriminierung bei Anstellung und Beschäftigung
>
> **III. Umweltschutz**
> - Prinzip 7: Unterstützung eines vorsorgenden Ansatzes im Umgang mit Umweltproblemen
> - Prinzip 8: Ergreifung von Schritten zur Förderung einer größeren Verantwortung gegenüber der Umwelt
> - Prinzip 9: Hinwirkung auf die Entwicklung und Verbreitung umweltfreundlicher Technologien
>
> **IV. Korruptionsbekämpfung**
> - Prinzip 10: Selbstverpflichtung, Korruption in allen Formen, einschließlich Erpressung und Bestechlichkeit, zu begegnen.

Abbildung 11: Die Zehn Prinzipien des UN Global Compact
Quelle: United Nations Global Compact Office, o.J.

Allerdings sind Richtlinien und Prinzipien nicht automatisch ein Garant für moralische Integrität. Es fehlt ihnen häufig an handlungsleitenden Inhalten für die tägliche Arbeitspraxis.[296] Integeres Verhalten muss von der Führung vorgelebt werden. Das bedeutet nicht, dass die ethischen Normen des Unternehmens immer und ausnahmslos, sondern weitgehend befolgt werden. Eine kategorische Verpflichtung auf die Unternehmensnormen wäre einem integeren Verhalten abträglich, da es an der notwendigen Reflexion und eigener Wertbindung fehlen würde.[297]

---

[296] Vgl. Fassin, 2005, S. 265 ff.
[297] Vgl. Pollmann, 2005, S. 248 f.

5.3.4 Expressive Gemeinschaft fördern

Integration in die Gesellschaft bedeutet schließlich auch eine „kollektive Identitätsbildung".[298] Diese wird begünstigt durch ein gemeinsames Verständnis der Aufgabe, durch „kollektive Projekte"[299] oder auch durch Ziele, die sich auf die Gemeinschaft insgesamt beziehen. Transformationale Führung bringt Mitarbeiter dazu, sich für höherwertige Ziele einzusetzen, die über ihr unmittelbares Eigeninteresse hinausgehen.[300]

Eine kollektive Identität ist insbesondere in Unternehmen ein Erfolgsfaktor, bei denen sich zur Leistungserbringung verschiedene Mitarbeiter miteinander abstimmen müssen; sie ist die Basis der Motivation zur Kooperation.[301]

Beziehungen mit einer affektiven Bindungskomponente tragen dazu bei, wechselseitige Vorurteile abzubauen und sich auf diese kollektive Identität einzulassen.[302] Dazu bedarf es „Sympathie,... [und] Freundschaft" neben „Beziehungen von Hochachtung... und Anerkennung" von Leistungen und Persönlichkeitsmerkmalen.[303]

PETERS verweist in diesem Zusammenhang neben der „Übereinstimmung in Wertvorstellungen" auf die Bedeutung „expressiven und ‚konsumatorischen' Zusammenseins und Zusammenhandelns (Feste, Spiel, Ritual)".[304]

Damit weist diese Dimension der Integration einen hohen Deckungsgrad auf zu SCHEINS Definition von Unternehmenskultur. Er setzt letztere ebenfalls in Bezug zur sozialen Integration, wenn er sie beschreibt als

---

[298] Peters, 1993, S. 104.
[299] Peters, 1993, S. 104.
[300] Vgl. Bass & Avolio, 1994, S. 18 f.
[301] Vgl. Lindenberg & Foss, 2011, S. 505 f.
[302] Vgl. Stürmer, 2008, S. 286.
[303] Peters, 1993, S. 105 f.
[304] Peters, 1993, S. 104.

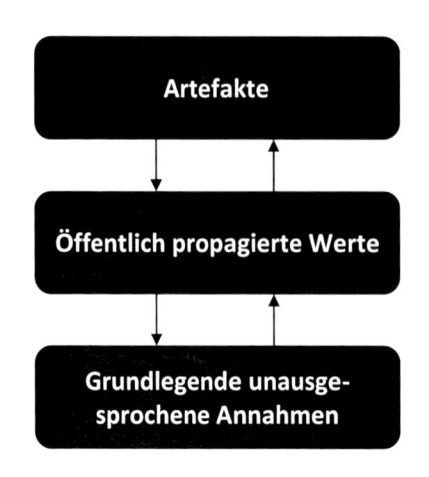

```
┌─────────────────────┐
│      Artefakte      │
└─────────────────────┘
          ↕
┌─────────────────────┐
│ Öffentlich propagierte Werte │
└─────────────────────┘
          ↕
┌─────────────────────┐
│ Grundlegende unausge-│
│ sprochene Annahmen  │
└─────────────────────┘
```

Abbildung 12: Die drei Ebenen der Unternehmenskultur
Quelle: Schein, 2010, S. 31

„a pattern of basic assumptions – invented, discovered, or developed by a given group as it learns to cope with its problems of external adaption and internal integration – that has worked well enough to be considered valid and, therefore, to be taught to new members as the correct way to perceive, think, and feel in relation to those problems".[305]

KUTSCHKER & SCHMID fassen die Gemeinsamkeiten unterschiedlicher Konzepte von Unternehmenskultur zusammen als „die Gesamtheit der Grundannahmen, Werte, Normen, Einstellungen und Überzeugungen einer Unternehmung, die sich in einer Vielzahl von Verhaltensweisen und Artefakten ausdrückt..."[306] und bewegen sich in der gleichen Facette sozialer Integration.

Zusammenfassend lässt sich festhalten: Eine stark ausgeprägte Unternehmenskultur wirkt integrationsfördernd.

---

[305] Schein, 1985, S. 9.
[306] Kutschker & Schmid, 2011, S. 686.

> **praktische Maßnahmen zur Risikoreduzierung aus soziologischer Perspektive:**
>
> Aktives Integrationsmanagment besteht aus folgenden Bausteinen:
>
> Die funktionale Koordination im betrieblichen Umfeld wird unterstützt durch klar strukturierte Arbeitsprozesse, den Einbezug der Mitarbeiter in die Gestaltung ebendieser, Kooperation und Wettbewerb sowie ein als positiv erlebtes Ergebnis der Abstimmung.
>
> Die moralische Integrität des Personals wird gesteuert durch eine Führung, die Diversity vorlebt und Klarheit sowie Transparenz als Selbstverständlichkeit betrachtet. Konflikte werden in einer respektvollen Atmosphäre aktiv angesprochen. Ein betriebliches Gesundheitsmanagement und die Aufnahme der Corporate Social Responsibility in den Verhaltenskodex des Unternehmens dokumentieren das Bekenntnis des Unternehmens zu seiner sozialen Verantwortung.
>
> Die expressive Gemeinschaft der Mitarbeiter wird gefördert durch konsistente, starke Werte im gesamten Unternehmen. Die Anerkennung, die der Mitarbeiter erfährt, bezieht sich nicht nur auf seine Leistung, sondern ebenso auf seine Persönlichkeit. Zahlreiche Möglichkeiten zum formellen und informellen Beisammensein bieten Gelegenheit zur Identifikation mit dem Arbeitgeber und der Belegschaft.
>
> Eine Kombination dieser Bausteine hilft, die erläuterten Risiken zu minimieren.

Soziologische Perspektive —bietet Gelegenheit→ Soziale Integration im Unternehmen —verringert Anfälligkeit für→ Soziale Manipulation in konfliktträchtiger Gruppe

Abbildung 13: Der Aspekt der soziologischen Präventionsmöglichkeiten
Quelle: Eigene Darstellung

6 Fazit und Ausblick

*Inmitten der Schwierigkeit
liegt die Möglichkeit.*
(Albert Einstein)

Am Beispiel der beiden betrachteten Glaubensüberzeugungen wurde deutlich, dass manche Ideologien von Arbeitnehmern erhöhte qualitative Personalrisiken zur Folge haben können. Das gilt insbesondere für das Motivations-, das Delikt- und das Integrationsrisiko, bei Scientology besteht zusätzlich ein Unterwanderungsrisiko. Eine Risikoprävention sollte weniger auf die ideologische Gemeinschaft als solche, sondern vielmehr auf das einzelne Individuum abgestellt sein.

Der in Deutschland vorherrschende religiöse Pluralismus und gesetzliche Regelungen zum Diskriminierungsschutz von Arbeitnehmern führen dazu, dass Unternehmen die Religionszugehörigkeit ihrer Mitarbeiter im Regelfall nicht steuern können. Sie können sich also nicht vor dem *Entstehen* der Risiken schützen. Damit stellt sich die Frage, wie sie mit ihnen *umgehen* können, um sie so gering wie möglich zu halten.

Die Vielfalt an Einstellungen und Werten im Unternehmen geht über religiöse Unterschiede weit hinaus. Diese Vielfalt ist in ihrer Gesamtheit nicht nur Risikofaktor, vielmehr kann sie proaktiv genutzt werden, um den Unternehmenswert zu erhöhen und qualitative Risiken zu minimieren. Ein zielgerichtetes Diversity Management schwächt Exklusivitätsideologien, erhöht die Loyalität der Mitarbeiter und wirkt so indirekt auf alle genannten Risiken ein.

Instrumente zur sozialen Integration, die nicht mit elementaren Glaubenslehren im Widerspruch stehen, ergänzen dieses. Den Mitarbeitern werden die Vorteile eines pluralistischen, konstruktiven Miteinanders vorgelebt und sie werden wie selbstverständlich mit einbezogen. Das Unternehmen, seine Führungskräfte und die Mitarbeiter verhalten sich moralisch integer. Damit wird eine soziale Alternative zur Manipulation in der Gruppe geboten.

Abbildung 14 stellt diesen ganzheitlichen Präventionsansatz modellhaft dar.

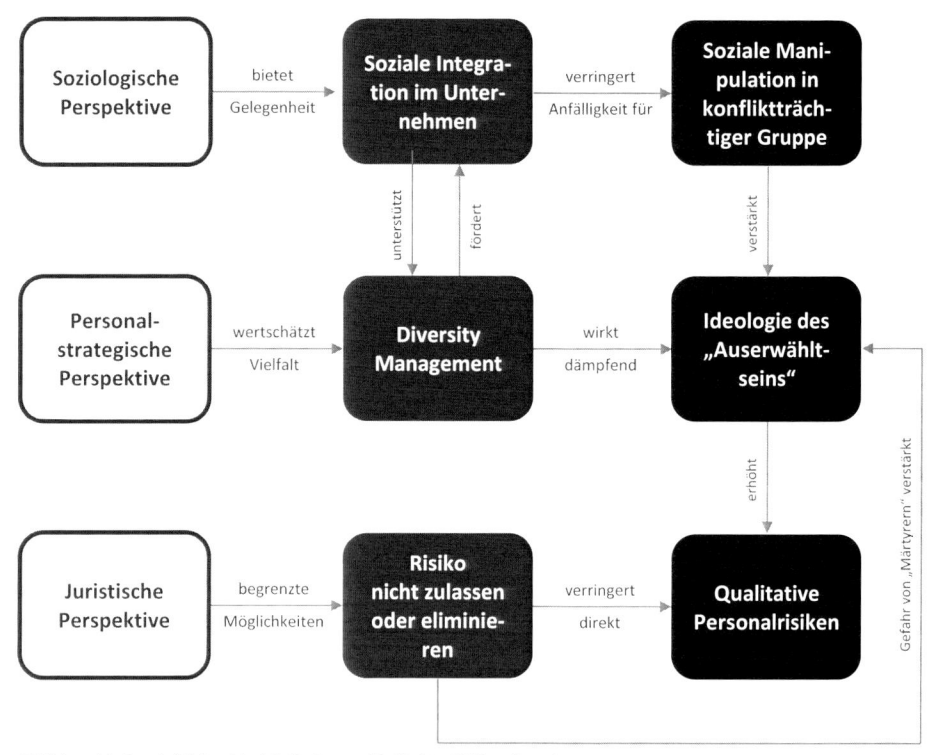

Abbildung 14: Ganzheitliches Modell direkter und indirekter Risikoprävention
Quelle: eigene Darstellung

Möglicherweise wird nicht jedes Mitglied einer ideologisch konfliktträchtigen Gruppe die gebotenen Chancen zur Integration wahrnehmen. Doch besteht die Wahlmöglichkeit nicht nur zwischen „voll integriert" und „gar nicht integriert". Wenn die vorhandenen Angebote die Qualität der Integration verbessern, werden die qualitativen Personalrisiken bereits reduziert.

Dazu trägt auch eine klare und transparente Führung bei. Diese kann Respekt erwarten, weil sie sich selbst respektvoll verhält.

Ein wertschätzender und neugieriger Umgang mit dem Anderen eröffnet die Chance auf einen wertschätzenden und neugierigen Umgang des Anderen, so wie es VARELA treffend beschreibt:

> *„Das ist in der Tat bemerkenswert: daß die empirische Welt des Lebenden... uns lehrt, daß Ethik – Toleranz und Pluralismus, Loslösung von unseren eigenen Wahrnehmungen und Werten, um Rücksicht zu nehmen auf Wahrnehmungen und Werte anderer – schlechthin die Grundlage der Erkenntnis und zugleich ihr Endpunkt ist.*
>
> *An dieser Stelle sind Taten eindeutiger als Worte."*[307]

---

[307] Varela, 2010, S. 308 f.

Literaturverzeichnis

Adler, N. & Gundersen, A. (2008):
International Dimensions of Organizational Behavior, 5. Ed.; Mason OH: Thomson.

Adomeit, K. & Mohr, J. (2011):
Allgemeines Gleichbehandlungsgesetz (AGG). Kommentar zum AGG und zu anderen Diskriminierungsverboten, 2. Aufl.; Stuttgart: Boorberg.

Almond, G. A.; Appleby, R. S. & Sivan, E. (2003):
Strong Religion. The Rise of Fundamentalisms around the World;
Chicago IL: University of Chicago.

Angenendt, A. (2007):
Toleranz und Gewalt. Das Christentum zwischen Bibel und Schwert; Münster: Aschendorff.

Barthel, E.; Bernitzke, F. & Fliegner, M. (2005):
Personalführung in Kreditinstituten. Grundlegende Theorien und ihre Anwendung in der Bankpraxis, 2. Aufl.; Frankfurt/M.: Bankakademie.

Bass, B. & Avolio, B. (1994):
Improving Organizational Effectiveness Through Transformational Leadership;
Thousand Oaks CA: Sage.

Bayerisches Staatsministerium des Innern (2004):
Das System Scientology. Wie Scientology funktioniert. 25 Fragen mit Antworten, 5. Aufl.; München: Eigen.

Bayerisches Staatsministerium des Innern (2006):
Verfassungsschutzbericht Bayern 2005; München: Eigen.

Bayerisches Staatsministerium des Innern. (2010):
Verfassungsschutzbericht Bayern 2009; München: Eigen.

Becker, M. (2006):
Diversity Management aus der Perspektive betriebswirtschaftlicher Theorien;
in Becker, M. & Seidel, A.: *Diversity Management. Unternehmens- und Personalpolitik der Vielfalt* (S. 207-239); Stuttgart: Schäffer-Poeschel.

Becker, M. & Seidel, A. (2006):
Diversity Management. Unternehmens- und Personalpolitik der Vielfalt;
Stuttgart: Schäffer-Poeschel.

Benser, B. (2008):
Diversity Management. Bedeutung, Implementierung und Vergleichbarkeit in und für Unternehmen;
Hamburg: Diplomica.

Benz, W. & Widmann, P. (2007):
Langlebige Feindschaften - Vom Nutzen der Vorurteilsforschung für den Umgang mit sozialer Vielfalt; in Krell, G.; Riedmüller, B.; Sieben, B. & Vinz, D.: *Diversity Studies. Grundlagen und disziplinäre Ansätze* (S. 35-48); Frankfurt a.M.: Campus.

Berger, P. L. & Luckmann, T. (2010):
Die gesellschaftliche Konstruktion der Wirklichkeit. Eine Theorie der Wissenssoziologie, 23. Aufl.; Frankfurt a.M.: Fischer.

Berger-Delhey, U. (1999):
Scientology und öffentlicher Dienst; in *ZTR - Zeitschrift für Tarifrecht* 03/1999, S. 116-117.

Besier, G. & Besier, R. M. (1999):
Zeugen Jehovas/Wachtturm Gesellschaft: Eine "vormoderne" religiöse Gemeinschaft in der "modernen" Gesellschaft? Gutachterliche Stellungnahme; in Besier, G. & Scheuch, E. K.: *Die neuen Inquisitoren. Religionsfreiheit und Glaubensneid. Band 2* (S. 95 - 211); Zürich: Interfrom.

Bizeul, Y. (2009):
Glaube und Politik; Wiesbaden: GWV.

Boden, M. (2005):
Handbuch Personal. Personalmanagement von Arbeitszeit bis Zeitmanagement;
Landsberg a.L.: mi.

Bohleber, W. (2010):
Idealität und Destruktivität. Überlegungen zur Psychodynamik des religiösen Fundamentalismus;
in Leuzinger-Bohleber, M. & Klumbies, P.-G.: *Religion und Fanatismus. Psychoanalytische und theologische Zugänge* (S. 25-47); Göttingen: Vandenhoeck & Ruprecht.

Bolten, J. (2011):
Diversity Management als interkulturelle Prozessmoderation; in: *interculture journal*, Ausg. 13,
S. 25-38.

Börner, C. J. & Büschgen, H. E. (2003):
Bankbetriebslehre. Grundwissen der Ökonomik/Betriebswirtschaft; Stuttgart: Lucius

Breuer, R. (2010):
Freiheit des Berufs.; in: Isensee, J. & Kirchhof, P. (Hrsg.): *Handbuch des Staatsrechts der Bundesrepublik Deutschland. Band VIII. Grundrechte: Wirtschaft, Verfahren, Gleichheit*, 3. Aufl.; Heidelberg: Müller.

Brox, H., Rüthers, B. & Henssler, M. (2007):
Arbeitsrecht, 17. Aufl.; Stuttgart: Kohlhammer.

Bundesamt für Verfassungsschutz (2011):
Verfassungsschutzbericht 2010; Berlin: Eigen.

Bundesstelle für Sektenfragen (2010):
Bericht der Bundesstelle für Sektenfragen an das Bundesministerium für Wirtschaft, Familie und Jugend. Berichtszeitraum: 2008 – 2009; abgerufen am 24.10.2011 von
http://www.parlament.gv.at/PAKT/VHG/XXIV/III/III_00192/imfname_202122.pdf

Caberta, U. (2009):
Schwarzbuch Scientology; München: Goldmann.

Church of Scientology International (o. J. a):
The Churches of Scientology Continental Liaison Offices; abgerufen am 12.01.2012 von
http://www.whatisscientology.org/html/Part14/Chp42/pg0977.html

Church of Scientology International (o. J. b):
Churches, Missions and Groups; abgerufen am 12.01.2012 von
http://www.whatisscientology.org/html/Part06/Chp21/pg0388-c.html

Church of Scientology International (o. J. c):
Die Brücke zur völligen Freiheit; abgerufen am 14.01.2012 von
http://wasist.scientology.de/Html/Part02/Chp06/pg0181_1.html

Clopton, A. W. (2011):
Social capital and team performance; in: *Team Performance Management* 07-08/2011,
S. 369 - 381.

Deckert, B. (2007):
All along the Watchtower. Eine psychoimmunologische Studie zu den Zeugen Jehovas;
Göttingen: V&R unipress.

Deutscher Bundestag XIII. Wahlperiode (1998):
Endbericht der Enquete-Kommission „Sogenannte Sekten und Psychogruppen";
in: Bundestagsdrucksache 13/10950; Bonn.

Die Landeswahlleiterin für Berlin (2011):
Berliner Wahlen 2011. Endgültiges Ergebnis Abgeordnetenhaus Mandatsverteilung;
abgerufen am 31.01.2012 von http://www.wahlen-berlin.de/wahlen/BE2011/Ergebnis/
mandateah/mandateah.asp?sel1=1052&sel2=0670

Doppler, K. & Lauterburg, C. (2008):
Change Management: Den Unternehmenswandel gestalten, 12. Aufl.; Frankfurt: Campus.

Drebing, M. M. (2011):
Gesundheitsorientierte Führungsleistung sichtbar machen; München: Grin.

Durkheim, E. (1965):
Die Regeln der soziologischen Methode; Neuwied: Luchterhand.

Eagleton, T. (2000):
Ideologie. Eine Einführung; Stuttgart: Metzler.

Eberlein, K. (2006):
Christsein im Pluralismus. Ein Orientierungsversuch in der religiösen Gegenwart; Münster: LIT.

EBIS e.V. Baden-Württemberg (o. J.):
Hochrangiger Scientology-Aussteiger auf Deutschland-Tour; abgerufen am 15.01.2012 von http://www.aufklaerungsgruppe-krokodil.de/Armstrong.html

Fassin, Y. (2005):
The Reasons behind Non-ethical Behaviour in Business and Entrepreneurship; in: Journal of Business Ethics, 03/2005 Vol. 60, S. 265-279.

Festinger, L. (1957):
A Theory of Cognitive Dissonance; Stanford CF: Stanford University.

Fifka, M. S. & Sykora, N. (2009):
Scientology in Deutschland und den USA: Strukturen, Praktiken und öffentliche Wahrnehmung; Münster: LIT.

Freie Zone e.V. (o. J.):
Timetrack 1967; abgerufen am 15.01.2012 von http://www.freezone.org/timetrack/1967.htm

French, W. L. & Bell jr., C. H. (1994):
Organisationsentwicklung. Sozialwissenschaftliche Strategien zur Organisationsveränderung, 4. Aufl.; Bern: Haupt.

Fuchs, M. (2007):
Diversity und Differenz - Konzeptionelle Überlegungen; in Krell, G.; Riedmüller, B.; Sieben, B. & Vinz, D.: *Diversity Studies. Grundlagen und disziplinäre Ansätze* (S. 17-34); Frankfurt a.M.: Campus.

Garbe, D. (1999):
Zwischen Widerstand und Martyrium. Die Zeugen Jehovas im "Dritten Reich", 4. Aufl.; München: Oldenbourg.

Giesen, R. (2002):
Tarifvertragliche Rechtsgestaltung für den Betrieb. Gegenstand und Reichweite betrieblicher und betriebsverfassungsrechtlicher Tarifnormen; Tübingen: Mohr Siebeck.

Gießener Allgemeine Zeitung (2008):
Ermittlungen nach Tod einer Zeugin Jehovas;
abgerufen am 31.01.2012 von http://www.giessener-allgemeine.de/Home/Kreis/Staedte-und-Gemeinden/Lich/Artikel,-Ermittlungen-nach-Tod-einer-Zeugin-Jehovas-_Ermittlungen-nach-Tod-einer-Zeugin-Jehovas-,_arid,58322_regid,1_puid,1_pageid,48.html

Gmür, M. & Thommen, J.-P. (2011):
Human Resource Management. Strategien und Instrumente für Führungskräfte und das Personalmanagement, 3. Aufl.; Zürich: Versus.

Goode, E. & Ben-Yehuda, N. (2009):
Moral Panics: The Social Construction of Deviance, 2. Aufl.; Chichester: Wiley-Blackwell.

Grünschloß, A. (2008):
"To get Ethics in". Ethik und Organisation bei Scientology; in Hermelink, J. & Grotefeld, S.: *Religion und Ethik als Organisationen - eine Quadratur des Kreises?* (S. 213-256); Zürich: Theologischer Verlag.

Habermas, J. (2001):
Die Zukunft der menschlichen Natur. Auf dem Weg zu einer liberalen Eugenik?
Frankfurt/Main: Suhrkamp.

Handl, W. (2010):
Das wahre Gesicht von Scientology. Eine Dokumentation mit mehr als 120 Abbildungen;
Wien: GDPA.

Hassan, S. (2000):
Releasing the Bonds: Empowering People to Think for Themselves;
Somerville MA: Freedom of Mind.

HCO (1965 a):
HCO Policy Letter 01.03.1965.

HCO (1965 b)
HCO Policy Letter 19.07.1965.

HCO (1967)
HCO Policy Letter 18.10.1967.

HCO (1968)
HCO Policy Letter 21.10.1968.

HCO (1987)
HCO Policy Letter 16.02.1969, reissued 24.09.1987.

Heilbronner Stimme (2006):
Im Zweifel immer für das Leben;
abgerufen am 31.01.2012 von http://www.stimme.de/heilbronn/nachrichten/stadt/
sonstige-Im-Zweifel-immer-fuer-das-Leben;art1925,885919

Holden, A. (2002):
Jehovah's Witnesses: Portrait of a Contemporary Religious Movement; Abingdon: Routledge.

Hömig, D. (Hrsg.) (2010):
Grundgesetz für die Bundesrepublik Deutschland, 9. Aufl.; Baden-Baden: Nomos.

Hubbard, L. R. (1979):
Das Handbuch des Rechts; Kopenhagen: SCIENTOLOGY.

Hubbard, L. R. (1999):
Der Organisationsführungskurs. Band 0; Kopenhagen: New Era.

Hubbard, L. R. (2001):
PTS/SP-Kurs. Wie man Unterdrückung konfrontiert und zerschlägt; Kopenhagen: New Era.

Hubbard, L. R. (2007 a):
Dianetik. Der Leitfaden für den menschlichen Verstand; Glostrup: New Era.

Hubbard, L. R. (2007 b):
Scientology. Eine neue Sicht des Lebens; Kopenhagen: New Era.

Hubbard, L. R. (2007 c):
Einführung in die Ethik der Scientology; Kopenhagen: New Era.

Jacobi, J. (2008):
Scientology. Ein Blick hinter die Kulissen, 2. Aufl.; Kevelaer: topos.

Jehovas Zeugen (o. J. a):
Jehovas Zeugen. Informationsportal. Anerkennungsverfahren. Zweitverleihungen; abgerufen am
12.01.2012 von: http://www.jehovaszeugende.d235.de/Zweitverleihungen.56.0.html

Jehovas Zeugen (o. J. b):
Jehovas Zeugen Online; abgerufen am 20.01.2012 von http://www.jehovaszeugen.de/1/default.htm

Jehovas Zeugen (o. J. c):
Jehovas Zeugen Informationsportal. Verkündigerzahlen in Deutschland; abgerufen am 20.01.2012 von
http://www.jehovaszeugende.d235.de/Statistik.18.0.html

Jung, H. (2011):
Personalwirtschaft, 9. Aufl.; München: Oldenbourg.

Kent, S. A. (2000):
Gehirnwäsche im Rehabilitation Project Force (RPF); Hamburg: Behörde für Inneres.

Klaffke, M. (2009):
Personal-Risiken und -Handlungsfelder in turbulenten Zeiten. Personalarbeit als Wertschöpfungspartner gestalten; in Klaffke, M.: *Strategisches Management von Personalrisiken. Konzepte, Instrumente, Best Practices* (S. 3-24); Wiesbaden: Gabler.

Klimecki, R. G. & Gmür, M. (2005):
Personalmanagement: Strategien, Erfolgsbeiträge, Entwicklungsperspektiven; Stuttgart: Lucius.

Klöti, L. (2008 a):
Management von Personalrisiken – eine Fallstudie liefert wertvolle Ansätze; in *HR Today* 05/2008.

Klöti, L. (2008 b):
Personalrisiken. Qualitative und quantitative Ansätze für das Management von Personalrisiken; Bern: Haupt.

Koall, I. (2011):
Managing Complexity: Using Ambivalence and Contingency to Support Diversity in Organizations; in *Equality, Diversity and Inclusion: An International Journal* 07/2011, S. 572-588.

Kobi, J.-M. (2002):
Personalrisikomanagement: Strategien zur Steigerung des People Value; Wiesbaden: Gabler.

Kolodej, C. (2005):
Mobbing. Psychoterror am Arbeitsplatz und seine Bewältigung; Wien: Facultas.

Köppl, E. (2001):
Die Zeugen Jehovas. Eine psychologische Analyse, 3. Aufl.;
München: Arbeitsgemeinschaft für Religions- und Weltanschauungsfragen.

Kutschker, M. & Schmid, S. (2011):
Internationales Management, 7. Aufl.; München: Oldenbourg.

Landesamt für Verfassungsschutz Baden-Württemberg (o. J.):
Office of Special Affairs (OSA); abgerufen am 14.01.2012 von http://www.verfassungsschutz-bw.de/index.php?option=com_content&view=article&id=82&Itemid=125

Lieb, M. & Jacobs, M. (2006):
Arbeitsrecht, 9. Aufl.; Heidelberg: Müller.

Lifton, R. J. (1989):
Thought Reform and the Psychology of Totalism. A Study of Brainwashing in China;
Chapel Hill NC: University of North Carolina.

Likafu, M. (2011):
Exkurs "Tabuthema Beschneidung"; in van Keuck, E.; Ghaderi, C.; Joksimovic, L. & David, D. M.: *Diversity. Transkulturelle Kompetenz in klinischen und sozialen Arbeitsfeldern* (S. 188-190);
Stuttgart: Kohlhammer.

Lindenberg, S. & Foss, N. J. (2011):
Managing Joint Production Motivation: The Role of Goal Framing and Governance Mechanisms;
in *Academy of Management Review* 03/2011, S. 500-525.

Maslow, A. H. (2010):
Motivation und Persönlichkeit, 12. Aufl.; Reinbek bei Hamburg: Rowohlt.

Maturana, H. (2008):
in Maturana, H. & Pörksen, B.: *Vom Sein zum Tun - Die Ursprünge der Biologie des Erkennens*,
2. Aufl.; Heidelberg: Carl-Auer.

Mintzberg, H. (2010):
Managen; Offenbach: GABAL.

Müller, O. & Rieland, P. (2006):
Arbeitsrecht. Tipps und Taktik, 3. Aufl.; Heidelberg: Müller.

Müller-Glöge, R.; Preis, U. & Schmidt, I. (Hrsg.):
Erfurter Kommentar zum Arbeitsrecht, 11. Aufl.; München: Beck.

Nalebuff, B. J. & Brandenburger, A. M. (1996):
Co-opetition, London: HarperCollinsBusiness.

Neitz, U. (2004):
Dämonen auf dem Dach. Lebensberichte ehemaliger Zeugen Jehovas; Jena: IKS Garamond.

Nordhausen, F. & von Billerbeck, L. (2008):
Scientology. Wie der Sektenkonzern die Welt erobern will; Berlin: Links.

OSA (1988):
OSA Network Order 19. Willful False Reports. Issued 18.02.1988.

Peters, B. (1993):
Die Integration moderner Gesellschaften; Frankfurt am Main: Suhrkamp.

Petersen, M. (2011):
Der schmale Grat zwischen Duldung und Verfolgung. Zeugen Jehovas und Mormonen im "Dritten Reich"; in Gailus, M. & Nolzen, A.: *Zerstrittene Volksgemeinschaft: Glaube, Konfession und Religion im Nationalsozialismus* (S. 122 - 150); Göttingen: Vandenhoeck & Ruprecht.

Pitts, D. W.; Hicklin, A. K.; Hawes, D. P. & Melton, E. (2010):
What Drives the Implementation of Diversity Management Programs? Evidence from Public Organizations; in *Journal of Public Administration Research and Theory* 10/10, S. 867-886.

Pohl, S. R. (2010):
Externe und interne Beobachtungen und Aussagen zur Erziehung in einem geschlossenen religiösen System am Beispiel der Zeugen Jehovas; Frankfurt a.M.: Lang.

Pollmann, A. (2005):
Integrität. Aufnahme einer sozialphilosophischen Personalie; Bielefeld: transcript.

Porter, M. E. & Millar, V. E. (2008):
How Information Gives You Competitive Advantage; in: Porter, M. E. (Hrsg): *On Competition*, 2. Ed.; S. 73-96; Boston MA: Harvard.

Riede, S. (2010):
Statistische Daten und Aktivitäten des Sekten-Info Nordrhein-Westfalen e.V. 2009; abgerufen am 24.10.2011 von http://sekten-info-nrw.de/index.php?option=com_content&task=view&id=159&Itemid=46

Riede, S. (2011):
Statistische Daten und Aktivitäten des Sekten-Info Nordrhein-Westfalen e.V. 2010; abgerufen am 24.10.2011 von http://sekten-info-nrw.de/index.php?option=com_content&task=view&id=185&Itemid=46

Ritter-Dausend, D. (2010):
Scientology. Wissen, was stimmt; Freiburg i.Br.: Herder.

RTL online (2010):
Zeuge Jehovas stirbt nach verweigerter Bluttransfusion; abgerufen am 31.01.2012 von http://www.rtl.de/cms/news/rtl-aktuell/news.html?set_id=49474

Russo, M. (2012):
Diversity in Goal Orientation, Team Performance, and Internal Team Environment; in *Equality, Diversity and Inclusion: An International Journal* 02/2012, S. 124-143.

Rust, U. & Falke, J. (Hrsg.) (2007):
AGG. Allgemeines Gleichbehandlungsgesetz mit weiterführenden Vorschriften. Kommentar; Berlin: Schmidt.

Sachs, M. (Hrsg.) (2011):
Grundgesetz. Kommentar, 6. Aufl.; München: Beck.

Scheffler, N. (2010 a):
Auditing / Technologie; abgerufen am 15.01.2012 von http://kindseininscientology.wordpress.com/category/so-funktioniert-scientology/auditing-technologie/

Scheffler, N. (2010 b):
Die Folgen der scientologischen Disconnection Policy für Kinder und deren Eltern; abgerufen am 31.01.2012 von http://kindseininscientology.wordpress.com/2010/09/20/die-folgen-der-scientologischen-disconnection-policy-fur-kinder-und-deren-eltern/

Schein, E. H. (1985):
Organizational Culture and Leadership. A Dynamic View; San Francisco CA: Jossey-Bass.

Schein, E. H. (2010):
Organisationskultur, 3. Aufl.; Bergisch Gladbach: EHP.

Schiersmann, C. & Thiel, H.-U. (2011):
Organisationsentwicklung. Prinzipien und Strategien von Veränderungsprozessen, 3. Aufl.; Wiesbaden: VS.

Schleusener, A.; Suckow, J. & Voigt, B. (2011):
AGG. Kommentar zum Allgemeinen Gleichbehandlungsgesetz, 3. Aufl.; Köln: Luchterhand.

Schlick, C. M.; Luczak, H. & Bruder, R. (2010):
Arbeitswissenschaft; Berlin: Springer.

Schulz von Thun, F. (2004):
Der Mensch als pluralistische Gesellschaft. Das Modell des Inneren Teams als Haltung und Methode; in Schulz von Thun, F. & Stegemann, W.: *Das Innere Team in Aktion. Praktische Arbeit mit dem Modell* (S. 15-33); Hamburg: Rowohlt.

Schwarz, G. (2010):
Konfliktmanagement. Konflikte erkennen, analysieren, lösen, 8. Aufl.; Wiesbaden: GWV.

Shils, E. (1968):
The Concept and Function of Ideology; New York NY: Crowell Collier Macmillan.

Singer, M. T. & Lalich, J. (1997):
Sekten: Wie Menschen ihre Freiheit verlieren und wiedergewinnen können; Heidelberg: Auer.

Sonnenschein, W. (1999):
The Diversity Toolkit: How You Can Build and Benefit from a Diverse Workforce; Lincolnwood IL: Contemporary.

SPIEGEL ONLINE (2005):
Zeugin Jehovas verblutet bei Entbindung; abgerufen am 31.01.2012 von http://www.spiegel.de/panorama/0,1518,366956,00.html

SPIEGEL ONLINE (2011):
Piraten fühlen sich von Scientologen unterwandert; abgerufen am 31.01.2012 von: http://www.spiegel.de/politik/deutschland/0,1518,798245,00.html

Steiert, C. (2002):
Sozio-psychologische, kriminologische und rechtliche Aspekte kriminellen Verhaltens in Sekten; Münster: LIT.

Stuber, M. (2009):
Diversity. Das Potenzial-Prinzip. Ressourcen aktivieren - Zusammenarbeit gestalten, 2. Aufl.; Köln: Luchterhand.

Stürmer, S. (2008):
Die Kontakthypothese; in Petersen, L.-E. & Six, B.: *Stereotype, Vorurteile und soziale Diskriminierung. Theorien, Befunde und Interventionen* (S. 283-291); Weinheim: Beltz.

Thiele, S. (2009):
Work-Life-Balance zur Mitarbeiterbindung. Eine Strategie gegen den Fachkräftemangel; Hamburg: Diplomica.

Ulich, E. (2011):
Arbeitspsychologie, 7. Aufl.; Stuttgart: Schaeffer-Poechel.

United Nations Global Compact Office (o. J.):
The Ten Principles; abgerufen am 29.12.2011 von http://www.unglobalcompact.org/AboutTheGC/TheTenPrinciples/index.html und von http://www.unglobalcompact.org/docs/languages/german/de-factsheet-global-compact.pdf

van Ewijk, A. R. (2011):
Diversity and Diversity Policy: Diving into Fundamental Differences; in *Journal of Organizational Change Management* 05/2011, S. 680-694.

Varela, F. (2010):
Der kreative Zirkel; in Watzlawick, P.: *Die erfundene Wirklichkeit - Wie wissen wir, was wir zu wissen glauben? Beiträge zum Konstruktivismus*, 5. Aufl. (S. 294-309); München: Piper.

Vellmer, A. (2010):
Religiöse Kindererziehung und religiös begründete Konflikte in der Familie. Eine rechtsübergreifende Darstellung familiärer religiöser Konflikte und der staatlichen Instrumentarien zu ihrer Lösung; Frankfurt a.M.: Lang.

von Glasersfeld, E. (2010):
Einführung in den radikalen Konstruktivismus; in Watzlawick, P.: *Die erfundene Wirklichkeit - Wie wissen wir, was wir zu wissen glauben? Beiträge zum Konstruktivismus*, 5. Aufl. (S. 16-38); München: Piper.

Vroom, V. H. (1995):
Work and Motivation; San Francisco CA: Jossey-Bass.

Watch Tower Bibel and Tract Society German Branch (1933 a):
Anlage zum Schreiben vom 26.06.1933; in Bundesarchiv, Az. R 43 II/179 , (S. 126 – 140).

Watch Tower Bible and Tract Society German Branch (1933 b):
Schreiben vom 26.06.1933; in Bundesarchiv, Az. R 43 II/179 , (S. 119 – 125).

Watzlawick, P. (2010):
Bausteine ideologischer "Wirklichkeiten"; in Watzlawick, P.: *Die erfundene Wirklichkeit. Wie wissen wir, was wir zu wissen glauben? Beiträge zum Konstruktivismus*, 5. Aufl. (S. 192-228); München: Piper.

Weber, H. V. (1994):
Die Zeugen Jehovas. Zwischen Bewunderung und Befremdung. Ein Ratgeber; Freiburg i.Br.: Herder.

WISE East US (o. J.):
The WISE East US Comm-Line to the membership. Why Be a WISE Member? abgerufen am 14.01.2012 von http://database.businessexpansionclub.org/wconnect/wc.dll?dtU00000000~ACC_VIEW~17~WEEKINWISE~&PROJECTID=62314473#FEATURE

Witte, H. (2007):
Allgemeine Betriebswirtschaftslehre. Lebensphasen des Unternehmens und betriebliche Funktionen; München: Oldenbourg.

Wong, A.; Tjosvold, D. & Liu, C. (2009):
Innovation by Teams in Shanghai, China: Cooperative Goals for Group Confidence and Persistence; in *British Journal of Management* Vol. 20, S. 238-251.

WTGDZ (1985):
Der Wachtturm 15.11.1985; Selters/Ts.: Wachtturm.

WTGDZ (1987):
Der Wachtturm 01.09.1987; Selters/Ts.: Wachtturm.

WTGDZ (1989 a):
Der Wachtturm 01.09.1989; Selters/Ts.: Wachtturm.

WTGDZ (1989 b):
Du kannst für immer im Paradies auf Erden leben; Selters/Ts.: Wachtturm.

WTGDZ (1989 c):
Der Wachtturm 01.10.1989; Selters/Ts.: Wachtturm.

WTGDZ (1990):
Die Suche der Menschheit nach Gott; Selters/Ts.: Wachtturm.

WTGDZ (1992):
Einsichten über die Heilige Schrift. Band 2: K-Z; Selters/Ts.: Wachtturm.

WTGDZ (1993):
Jehovas Zeugen - Verkündiger des Königreiches Gottes; Selters/Ts.: Wachtturm.

WTGDZ (1994):
Der Wachtturm 01.10.1994; Selters/Ts.: Wachtturm.

WTGDZ (1996):
Der Wachtturm, 01.10.1996; Selters/Ts.: Wachtturm.

WTGDZ (1997)
Der Wachtturm 15.08.1997; Selters/Ts.: Wachtturm.

WTGDZ (1999 a)
Der Wachtturm 01.09.1999; Selters/Ts.: Wachtturm.

WTGDZ (1999 b)
Der Wachtturm 01.03.1999; Selters/Ts.: Wachtturm.

WTGZJ (2001):
Jehovas Zeugen — Wer sind sie? Was glauben sie? Selters/Ts.: Wachtturm.

WTGZJ (2002):
Der Wachtturm 15.10.2002; Selters/Ts.: Wachtturm.

WTGZJ (2003 a):
Unser Königreichsdienst 06/2003; Selters/Ts.: Wachtturm.

WTGZJ (2003 b):
Der Wachtturm 15.06.2003; Selters/Ts.: Wachtturm.

WTGZJ (2005 a):
Organisiert, Jehovas Willen zu tun; Selters/Ts.: Wachtturm.

WTGZJ (2005 b):
Der Wachtturm 01.10.2005; Selters/Ts.: Wachtturm.

WTGZJ (2006 a):
Der Wachtturm 15.01.2006; Selters/Ts.: Wachtturm.

WTGZJ (2006 b):
Der Wachtturm 15.03.2006; Selters/Ts.: Wachtturm.

WTGZJ (2008 a):
Bewahrt euch in Gottes Liebe; Selters/Ts.: Wachtturm.

WTGZJ (2008 b):
Der Wachtturm 15.02.2008; Selters/Ts.: Wachtturm.

WTGZJ (2008 c):
Was lehrt die Bibel wirklich? 2. Aufl.; Selters/Ts.: Wachtturm.

WTGZJ (2008 d):
Der Wachtturm 15.05.2008; Selters/Ts.: Wachtturm.

WTGZJ (2009 a):
Der Wachtturm 15.07.2009; Selters/Ts.: Wachtturm.

WTGZJ (2009 b):
Der Wachtturm 15.08.2009; Selters/Ts.: Wachtturm.

WTGZJ (2009 c):
Der Wachtturm 01.11.2009; Selters/Ts.: Wachtturm.

WTGZJ (2009 d):
Werde ein Freund Gottes! 2. Aufl.; Selters/Ts.: Wachtturm.

WTGZJ (2009 e):
Der Wachtturm 15.04.2009; Selters/Ts.: Wachtturm.

WTGZJ (2010 a):
"Hütet die Herde Gottes" (1. Petrus 5:2); Selters/Ts.: Wachtturm.

WTGZJ (2010 b):
Der Wachtturm 01.03.2010; Selters/Ts.: Wachtturm.

WTGZJ (2011 a):
Der Wachtturm 01.06.2011; Selters/Ts.: Wachtturm.

WTGZJ (2011 b):
Unser Königreichsdienst 12/2011; Selters/Ts.: Wachtturm.

WTGZJ (2011 c):
Der Wachtturm 01.08.2011; Selters/Ts.: Wachtturm.

WTGZJ (2011 d):
Der Wachtturm 15.07.2011; Selters/Ts.: Wachtturm.

WTGZJ (2011 e):
Der Wachtturm 15.11.2011; Selters/Ts.: Wachtturm.

WTGZJ (2012):
Der Wachtturm 15.04.2012; Selters/Ts.: Wachtturm.

Wunderer, R. (2009):
Führung und Zusammenarbeit. Eine unternehmerische Führungslehre, 8. Aufl.; Köln: Luchterhand.